# dtv

»Ehrlich währt am längsten«, »Dampf ablassen ist gesund«, »Verletze nie die Gefühle anderer« – diese Sätze, die so harmlos und nach bewährter Lebensregel klingen, sind in Wahrheit pures Gift. Denn sie können Konflikte, Depressionen, Ängste, Schuldgefühle und innere Qualen erzeugen. Zwei Psychologen und ein Psychiater haben ihren Patienten vierzig solcher scheinbar plausibler und vernünftiger Glaubenssätze abgelauscht, die sie nach genauem Betrachten als falsche Wahrheiten entlarven, als »giftige Ideen« gar, welche das Leben zur Hölle machen. Ihre Botschaft lautet dagegen: »Glauben Sie nicht alles, was man Ihnen seit Kindesbeinen beigebracht hat!« An vielen alltagsnahen Beispielen zeigen die Autoren: Wer sich mit verkehrten Vorstellungen vom Leben belastet, der macht sich selbst und seine Mitmenschen über kurz oder lang verrückt. Sie zeigen aber auch, wie man sich von destruktiven Vorstellungen befreien und ein glücklicheres Leben führen kann.

*Arnold Lazarus* ist Professor für Psychologie an der Rutgers Universität, New Jersey, und Autor zahlreicher Bücher. Auf deutsch liegen u. a. von ihm vor: ›Ich kann, wenn ich will‹ (1979, zusammen mit Allen Fay), ›Fallstricke der Liebe‹ (1988) und ›Der kleine Taschentherapeut‹ (1999, zusammen mit Clifford N. Lazarus).
*Clifford N. Lazarus* ist klinischer Psychologe und in privater psychotherapeutischer Praxis tätig.
*Allen Fay* ist Psychiater in privater Praxis in New York City und lehrt an der Mount Sinai School of Medicine, City University of New York.

Arnold Lazarus
Clifford N. Lazarus
Allen Fay

# Fallstricke des Lebens

Vierzig Regeln, die das Leben zur Hölle machen
und wie wir sie überwinden

Aus dem Englischen von
Christoph Trunk

Klett-Cotta
Deutscher Taschenbuch Verlag

Von Arnold Lazarus
sind im Deutschen Taschenbuch Verlag erschienen:
Ich kann, wenn ich will (36109, zusammen mit Allen Fay)
Fallstricke der Liebe (36185)

Ungekürzte Ausgabe
Januar 2001
Deutscher Taschenbuch Verlag GmbH & Co. KG,
München
www.dtv.de
© der amerikanischen Originalausgabe:
1993 Arnold Lazarus, Clifford N. Lazarus, Allen Fay
Titel der amerikanischen Originalausgabe:
Don't Believe it for a Minute
Impact Publishers, San Luis Obispo
© der deutschsprachigen Ausgabe:
1996 J. G. Cotta'sche Buchhandlung Nachfolger GmbH, gegr. 1659,
Stuttgart
ISBN 3-608-91299-1
Umschlagkonzept: Balk & Brumshagen
Umschlagfoto: © David Steward
Druck und Bindung: C. H. Beck'sche Buchdruckerei,
Nördlingen
Gedruckt auf säurefreiem, chlorfrei gebleichtem Papier
Printed in Germany · ISBN 3-423-36215-4

# Inhalt

# Dank

Wir sind Dr. Albert Ellis, dem Begründer der rational-emotiven Therapie, zu größtem Dank verpflichtet. Über die Jahre hin haben wir aus seinen zahlreichen Veröffentlichungen, Kursen und Seminaren und aus vielen privaten und beruflichen Kontakten mit ihm ungeheuer viel gelernt. Über das Erkennen und Überwinden „giftiger Ideen" weiß er besser Bescheid als irgend jemand sonst, den wir kennen.

Unser Dank gilt auch zwei Kollegen aus London, Professor Windy Dryden und Dr. Roy Eskapa, die uns wertvolle Anregungen gaben und uns berichteten, welche verschiedenen „Gegenmittel" sie bei der Behandlung ihrer Klienten einsetzen.

Laura Haney ging unseren ersten Manuskriptentwurf durch und machte viele hilfreiche Vorschläge.

Unser Verleger, der Psychologe Dr. Robert E. Alberti, empfahl uns, die giftigen Ideen, die uns verrückt machen, nicht nur zu analysieren und zu entkräften, sondern ihnen jeweils auch konkrete, positive Gedanken entgegenzustellen. Stil und Inhalt des Buches haben durch seinen Beitrag ungemein gewonnen. Wir sind auch Stephanie Strickmeier sehr zu Dank verpflichtet, die das Manuskript sorgfältig lektoriert, für Klarheit und Schlüssigkeit gesorgt und uns dabei geholfen hat, psychologische Begriffe in die Alltagssprache zu übersetzen.

# Einführung

Zum Muttertag 1993 brachte die *Los Angeles Times* einen Artikel über die Ratschläge, die Mütter ihren Kindern mit auf den Weg geben. Die mittlerweile erwachsenen Kinder erinnerten sich zum Beispiel an folgende Lebensweisheiten:

*Zieh dir keine Jacke an, die dir zu groß ist!*

*Halt den Mund und schlag die Beine übereinander!*

*Heirate nie einen Musiker!*

Diese und andere Volksweisheiten, so lesen wir in dem Artikel, werden seit Generationen von Müttern an ihre Kinder weitergegeben.

*Das heißt aber nicht, daß das alles für bare Münze zu nehmen wäre!*

Es ist erstaunlich, wie viele kluge und modern denkende Menschen sich für durchaus gebildet und aufgeklärt halten und dennoch Ideen und Anschauungen hegen, die sich mit dem eigenen Glück und dem Wohlbefinden ihrer Freunde und ihrer Familie nicht vertragen. Es ist, als würden sie sich selbst und denen, die ihnen am Herzen liegen, in einem fort Knüppel zwischen die Beine werfen. Für diese Menschen ist unser Buch geschrieben.

Wenn Sie mit einer falschen Wegbeschreibung eine Reise antreten, werden Sie sich aller Wahrscheinlichkeit nach verirren. Genauso ist es mit der Reise durchs Leben. Es sind derart viele unsinnige und falsche Informationen im Umlauf, daß die meisten von uns sich fehlerhafte „Straßenkarten" zurechtgelegt haben. Wir geraten deshalb auf Nebenstrecken, die in die Irre führen. Das heißt, wir verrennen uns nur allzuoft in Verhaltens-

und Denkmuster, die Konflikte, Depressionen, Ängste, Schuldgefühle und innere Qualen erzeugen.

Wie sehen diese falschen Vorstellungen und schädlichen Grundüberzeugungen aus, die psychisches Leid hervorrufen? Welche Ideen und Dogmen hindern uns daran, zu einer menschenfreundlichen und gewinnenden Einstellung zu finden? Wir stellen in diesem Buch die vierzig „giftigen Ideen" vor, die uns verrückt machen und auf die wir bei unseren Patienten am häufigsten gestoßen sind. Diese Patienten hatten mit weitverbreiteten psychischen Problemen zu kämpfen, die sie sich hätten ersparen können, wenn sie sich nicht auf ihre irrigen Überzeugungen versteift hätten.

Es ist interessant zu sehen, wie sich ganz unterschiedliche Konflikte und Probleme letztlich auf ein und dieselben Irrtümer zurückführen lassen. Zu deren häufig zu beobachtenden Folgen zählen: allgemeine Unzufriedenheit, schwere Streßsymptome, ständiges Frustriertsein, Ängste und Phobien, Schwierigkeiten im Umgang mit anderen Menschen, Mangel an Selbstvertrauen, ein negatives Selbstbild und überflüssige Schuldgefühle.

Falls Sie feststellen, daß Sie vielen (oder auch nur einigen wenigen) der giftigen Überzeugungen anhängen, die wir in diesem Buch vorstellen, laden wir Sie ein, sich eingehend mit unseren Vorschlägen auseinanderzusetzen, wie Sie jede dieser Ideen systematisch überdenken und entkräften können. Dies ist eine Chance für Sie, zufriedener und ausgeglichener zu werden und Ihrem Alltag besser gewachsen zu sein. Wir sind sicher: Sie werden Ihren Gewinn daraus ziehen, daß wir den giftigen Ideen ohne Umschweife zu Leibe rücken und Sie mit den entsprechenden „Gegenmitteln" bekannt machen.

Bestimmt wird Ihnen auffallen, daß es zwischen den giftigen Ideen viele Überschneidungen gibt und daß wir auf bestimmte Themen immer wieder zu sprechen kommen. Das ist durchaus Absicht. Das Buch entfaltet eine um so größere Wirkung, je mehr sich bestimmte Dinge durch Wiederholung „einschleifen"; so können Sie das Gelesene besser aufnehmen, im Gedächtnis behalten und umsetzen. Beachten Sie bitte auch, daß einige

Punkte auf den ersten Blick zwar dasselbe zu meinen scheinen, sich aber doch in wesentlichen Details unterscheiden, die der Betrachtung wert sind.

Manche giftigen Ideen scheinen einander zu widersprechen. Zum Beispiel empfehlen wir Ihnen in dem Abschnitt zur giftigen Idee 6, nicht übervorsichtig zu sein und offen zu sagen, was Sie denken; dagegen soll die giftige Idee 10 Sie darauf hinweisen, daß vorbehaltlose Aufrichtigkeit fatale Folgen haben kann und im allgemeinen nicht ratsam ist. Ähnliches gilt für die giftigen Ideen 8 und 23: Einerseits empfehlen wir Ihnen, auf die Wünsche Ihrer Lieben einzugehen, wann immer Ihnen das möglich ist, andererseits betonen wir, wie wichtig es ist, Ihre eigenen Bedürfnisse im Auge zu behalten. Wenn Sie genau hinschauen, wird Ihnen nicht entgehen, daß wir jeweils auf ganz unterschiedliche Aspekte abheben. Es wird für Sie also hoffentlich deutlich, daß solche Punkte, die sich auf den ersten Blick zu widersprechen scheinen, einander in Wahrheit ergänzen.

Manche der schädlichen Überzeugungen, auf die wir eingehen, sind nicht durch und durch verkehrt – aber gerade weil sie zum Teil oder zur Hälfte wahr sind, sind sie so gefährlich.

Irrtümer gibt es natürlich in Hülle und Fülle. Wir befassen uns hier jedoch nur mit solchen Gedanken, die seelisches Leiden und psychische Störungen verursachen. Auf gefährliche Legenden (wie „Der Blitz schlägt nicht zweimal am gleichen Ort ein") oder einfache Trugschlüsse (wie „Dicke Leute haben meistens ein sonniges Gemüt") gehen wir nicht ein.

Auch eklatante und offensichtliche Fehlurteile haben wir nicht berücksichtigt („Mein Vater hat geraucht und getrunken und ist 86 geworden, also besteht keinerlei Grund für mich, mit dem Rauchen aufzuhören oder beim Trinken Maß zu halten"; „Wenn du vorankommen willst, mußt du deine Untergebenen unbedingt schikanieren und einschüchtern"). Den allermeisten Menschen leuchtet ein, daß solche Überzeugungen schädlich und falsch sind. Die Fehlurteile dagegen, um die es in diesem Buch geht, bekommt jeder von uns dreien fast täglich in der Praxis zu hören. Selbst manche hochintelligenten und gebildeten Leute sitzen diesen Irrtümern auf und handeln sich dadurch erhebliche und vollkommen überflüssige Probleme mit sich selbst und mit ihren Mitmenschen ein.

Wir begegnen zwar auch Patienten, die sexistische, rassistische und andere Vorurteile äußern, gehen aber auf diese häufig diskutierten gesellschaftlichen Fragen hier nicht weiter ein. Natürlich sind Vorurteile und Bigotterie eine wesentliche Ursache für seelisches Leid und deuten auf Angst, Unwissenheit und eine „Vergiftung" durch frühe Lernerfahrungen hin. Doch sie erfordern korrigierende Maßnahmen, deren Erörterung den Rahmen des Buches sprengen würde.

Menschen, die psychotherapeutische Hilfe brauchen, neigen oft zu Alles-oder-Nichts-Denken, zu unüberlegten Verallgemeinerungen, zu Schubladendenken, zum Hochspielen und Dramatisieren von Problemen und zu anderen sogenannten „kognitiven Verzerrungen". Viele sind sich dieser Denkfehler nicht bewußt, sehen sie aber ein, sobald man sie darauf hinweist; einige wenige freilich beharren selbst dann noch darauf, daß ihre Denkweise richtig ist. Wenn man also nachfragt: „Glauben Sie denn wirklich, daß die Dinge entweder gut oder schlecht, schwarz oder weiß, richtig oder falsch sind und daß es keine Ausnahmen, Zwischenstufen oder Grauzonen gibt?", wird der Patient in der Regel einräumen, daß die Dinge nicht so einfach liegen, wie ihm das bisher erschienen ist. Ist er dagegen von bestimmten giftigen Ideen, wie wir sie in diesem Buch vorstellen, ganz und gar überzeugt, so wird er nicht davon abrücken.

Nehmen Sie zum Beispiel die erste giftige Idee, *Entspannung ist Zeitverschwendung.* Wer sich von der Vorstellung leiten läßt, der Sinn des Lebens bestehe einzig und allein darin, allen Dingen den eigenen Stempel aufzudrücken und bleibende Spuren zu hinterlassen, ist durch unsere Argumente vermutlich nicht davon abzubringen. Ebensowenig wird jemand, der mit strengen Strafen andere zur Disziplin anzuhalten versucht, von seinen Methoden abrücken, nur weil er unsere Ausführungen zur giftigen Idee 15, *Strafe ist die beste Disziplin,* gelesen hat. Wenn ein zaghafter Mensch, der es allen immer recht machen will, das liest, was wir zur giftigen Idee 6, *Sag nichts, was die Gefühle anderer verletzen könnte*, oder zur giftigen Idee 23, *Sei kein Egoist — denk immer zuerst an die anderen*, zu sagen haben, wird er deshalb wohl kaum von seinen selbstschädigenden Tendenzen ablassen. Wir hoffen aber, diejenigen Leserinnen und Leser zu erreichen, bei denen solche schädlichen Überzeugungen noch nicht allzu tief eingewurzelt sind, so daß sie sich einfachen logischen Argumenten öffnen und ihre Position gründlich überdenken können.

Wenn Sie dieses Buch lesen und sich damit beschäftigen, werden Sie mit ziemlicher Sicherheit auf eine, zwei, mehrere oder sogar viele giftige Ideen stoßen, mit denen Sie sich unnötigerweise unglücklich und unzufrieden machen. Noch wichtiger aber ist, daß Sie mit Hilfe der verschiedenen „Gegenmittel", die wir Ihnen anbieten, Ihr Denken „entgiften" und so den Weg zu einem ausgeglicheneren, seelisch gesunden und befriedigenden Leben finden können.

Wir gehen jedesmal nach demselben Schema vor: Wir veranschaulichen die giftige Idee mit einem *Fallbeispiel*, auf das eine *Analyse* folgt. Abschließend stellen wir die *Gegenmittel* vor, mit denen Sie die giftige Idee bekämpfen können: Die *Sätze zum Entgiften*, die als Selbstinstruktionen formuliert sind, führen hin zu einer *produktiven Überzeugung*, die den Abschnitt beendet. Wir glauben, daß das Buch durch diesen unkomplizierten Aufbau leicht zu lesen, leicht zu verstehen und sein Inhalt leicht im Gedächtnis zu behalten ist, so daß interessierte Leser und Leserinnen unsere Anregungen je nach Bedarf ohne weiteres umsetzen können.

Seelisch unausgeglichene Menschen, denen gewisse giftige Ideen in Fleisch und Blut übergegangen sind, dürfen nicht erwarten, daß alles wieder ins Lot kommt, wenn sie sich einfach ab und zu ein paar positive Gedanken vorsagen. Vielmehr sollten sie, um ihrem eingefahrenen „negativen Selbstgespräch" beizukommen, zunächst einmal „geradliniges Denken" aufbauen und einüben. Das heißt, sie sollten die vorgeschlagenen Gegenmittel, also die Sätze zum Entgiften und die produktiven Überzeugungen, nicht nur hin und wieder nachlesen und sich auf diese Weise vergegenwärtigen, sondern konsequent mehrmals täglich die Gegenmittel in Gedanken durchgehen, ohne ins Buch zu schauen.

Eine gute Faustregel ist: Halten Sie sich jedesmal, wenn Sie sich bei einer giftigen oder negativen Idee ertappen, mindestens zwei (besser noch mehr) Sätze zum Entgiften oder eine produktive Überzeugung vor Augen. Das wird Ihnen helfen, Ihr inneres Gleichgewicht zu stärken. Zunächst kommt Ihnen diese Denkübung vielleicht gekünstelt vor, aber wenn Sie eine kleine Weile geübt haben, werden Sie merken, wie Ihnen die produktiven Gedanken immer vertrauter vorkommen, so daß es Ihnen nach und nach leichter fällt, auf eine ausgeglichene innere Haltung und eine erfolgreiche und menschenfreundliche Lebenseinstellung hinzuarbeiten.

# Von wie vielen giftigen Ideen sind Sie überzeugt?

Es ist nun an der Zeit, daß Sie einen Blick auf Ihre eigenen schädlichen Gedanken werfen. Beantworten Sie bitte den folgenden kurzen Fragebogen und beachten Sie die unmittelbar daran anschließenden Instruktionen. So erfahren Sie einige Dinge über Ihr eigenes fehlerhaftes Denken und werden dann den größtmöglichen Nutzen aus dem Buch ziehen können.

# Fragebogen zu Ihren Überzeugungen

Es folgt eine Liste mit 40 Aussagen. Sehen Sie sich jede davon aufmerksam an und entscheiden Sie, ob Sie ihr im wesentlichen zustimmen oder nicht. Streichen Sie die Aussagen an, mit denen Sie der Tendenz nach übereinstimmen. Denken Sie immer daran, daß es keine absolut richtigen oder falschen Antworten gibt.

1. Entspannung ist Zeitverschwendung
2. Man fährt besser, wenn man die anderen unter Kontrolle hält
3. „Dampfablassen" ist gesund
4. Ganz gleich, wie du dich aufführst – deine Familie und deine Freunde sollten dich trotzdem gern haben
5. Freundlichkeit besiegt Unfreundlichkeit
6. Sag nichts, was die Gefühle anderer verletzen könnte
7. Versuche stets perfekt zu sein
8. Sag lieber „Nein" – wenn du jemandem den kleinen Finger gibst, nimmt er die ganze Hand
9. Ein Ultimatum ist ein gutes Mittel, um Auseinandersetzungen zu beenden
10. Mit rückhaltloser Ehrlichkeit kommt man am weitesten
11. Wenn Freunde oder Verwandte achtlos mit mir umgehen, strafe ich sie mit Schweigen
12. Ich kann fast alles erreichen
13. Wenn du willst, daß etwas richtig gemacht wird, mach es selbst
14. Wenn etwas danebengeht, muß man einen Schuldigen finden
15. Strafe ist die beste Disziplin
16. Behalte deine Gefühle für dich
17. Mit deinem ersten Eindruck von einem Menschen liegst du immer richtig
18. Was ich auch tue, es muß meinen Eltern gefallen
19. Erfolg und Geld sind der Schlüssel zum Glück
20. Einmal das Opfer, immer das Opfer
21. Sei bescheiden, bilde dir bloß nicht ein, du seist etwas Besonderes
22. Unverblümte Kritik ist ein guter Weg, um andere von ihren Fehlern abzubringen
23. Sei kein Egoist – denk immer zuerst an die anderen
24. Mein Ehepartner muß meine Eltern und meine Familie lieben
25. Je höher die Erwartungen, um so größer das Engagement

26. Es ist wichtig, daß alle mich mögen
27. Wenn du ein Problem lange genug ignorierst, löst es sich von allein
28. Wenn du spielst, dann setz auf Sieg
29. Ich und die anderen müssen ganz bestimmten Vorstellungen entsprechen
30. Wenn mich jemand wirklich liebt, spürt er, was ich brauche
31. Auf Gemeinheiten kann man nur mit Empörung reagieren
32. Es kann nur guttun, hart gegen sich zu sein
33. Eine Entschuldigung bringt alles wieder ins rechte Lot
34. Wer sich ändern will, muß die Gründe für sein Verhalten verstehen
35. Fehler muß man verbergen – es kommt darauf an, immer im Recht zu sein
36. Geh nach deinem Gefühl, dann kann dir nichts passieren
37. Das Leben sollte gerecht sein
38. Glücklich verheiratete Menschen haben keine sexuellen Gefühle für irgend jemand sonst
39. Worte sind bindend; ein Versprechen darf man nicht brechen
40. Entbehrung und harte Arbeit festigen den Charakter

Wir halten jede dieser 40 Überzeugungen für verkehrt und schädlich. Achten Sie beim Lesen von *Fallstricke des Lebens – Vierzig Regeln, die das Leben zur Hölle machen und wie wir sie überwinden* ganz besonders auf unsere Argumente gegen diejenigen Sätze, die Sie angestrichen haben – und die Sie demnach für stichhaltig und zutreffend halten. Wir hoffen, daß unsere Argumente Sie dazu anregen werden, Ihre Position zu überprüfen und zu überdenken. Zwar sind manche giftigen Ideen schädlicher als andere, doch wir gehen davon aus, daß jede von ihnen schädliche und destruktive Wirkungen entfalten kann. Unsere Beispiele werden Ihnen manchmal vielleicht etwas extrem vorkommen. (Die meisten stammen aus den Fallgeschichten von Menschen, denen es sehr schlecht ging oder die unter massiven psychischen Störungen litten.) Vergessen Sie aber bitte nicht, daß *jedes* fehlerhafte Denken, selbst wenn die Unlogik darin weniger eklatant ist, weitreichende negative Folgen haben kann. Ob Sie sich in Ihrer Haut wohlfühlen, also innerlich ausgeglichen sind und Ihr Leben erfolgreich meistern, hängt weitgehend davon ab, ob Sie klar (rational, folgerichtig, exakt) denken. *Wie man denkt, so fühlt und handelt man auch.*

Wenn Sie Ihre Vorstellungen darüber, wie das Leben sein sollte, prüfend betrachten und diejenigen Ideen überdenken, mit denen Sie sich verrückt machen, werden Sie daraus mit Sicherheit großen Gewinn ziehen. Wenn Sie etwas an Ihrer Einstellung verändern wollen, dann *können* Sie das auch, und wir möchten Ihnen Mut machen, den giftigen Ideen, die Sie anhand dieses Buches bei sich entdecken, wirklich zu Leibe zu rücken. Ja, wir drängen Sie um Ihrer seelischen Gesundheit willen geradezu, unserer schlichten Empfehlung zu folgen und sich jede einzelne dieser Ideen, die Ihr Leben vergiften und Sie verrückt machen, genau anzuschauen. Beherzigen Sie dann unseren Rat und *fallen Sie nicht auf den Schwindel herein!*

# Giftige Idee 1

# Entspannung
# ist Zeitverschwendung

Harry, ein 50jähriger Professor, war es gewohnt, jede Woche hundert oder mehr Stunden zu arbeiten. Feste, Theater, Kino, Konzerte, Urlaubsreisen, Spiele und andere Freizeitaktivitäten hielt er für Zeitverschwendung. „Anstatt meine kostbare Zeit zu vergeuden", sagte er, „lese ich lieber eine Fachzeitschrift, schreibe an einem Artikel, führe ein Experiment durch oder tue irgend etwas anderes, das auch wirklich sinnvoll ist." Die einzige Erholung, die er sich gönnte, bestand im Zeitunglesen. Niemand, auch er selbst nicht, wäre auf die Idee gekommen, ihn einen glücklichen Menschen zu nennen oder zu sagen, daß Harry sein Leben genieße. Hinzu kam, daß er trotz der vielen Zeit und Mühe, die er auf seine Arbeit verwendete, nur wenig Anerkennung erhielt und bei Beförderungen oft übergangen wurde.

# Analyse

Harry mag ein Extremfall sein, doch es gibt viele Menschen, die überfordert, überanstrengt und erschöpft sind, weil sie sich mehr Arbeit aufhalsen, als sie verkraften, und weil sie denken, sie würden tatsächlich viel erledigt bekommen, wenn sie „rund um die Uhr" arbeiten. Diese Zeitgenossen glauben, der Sinn des Lebens bestehe darin, hart zu arbeiten, Leistung zu bringen, andere zu übertrumpfen, voranzukommen und um beinahe jeden Preis Erfolg zu haben. Sie halten sich für sehr produktiv, und oft ernten sie auch tatsächlich die materiellen Früchte einer ausgeprägten Leistungsorientierung – meistens also Geld und was man sich damit kaufen kann.

Manche dieser „produktiven" Menschen gehen allerdings

noch weiter: Wie Harry betrachten sie Müßiggang als etwas Sündhaftes, und absichtsloses Vergnügen und Erholung sind für sie praktisch immer gleichbedeutend mit einer faulen, trägen, saft- und kraftlosen Existenz. Ausspannen gilt ihnen als unfruchtbar, weil die Vorzüge – Wohlbefinden, Genuß, Entspannung – nicht mit Händen zu greifen sind und sich nicht harter Arbeit verdanken. Solche Menschen unterschätzen die produktive Wirkung, die angemessene Erholung haben kann, und legen während ihres Arbeitstages zu wenige Pausen ein, als daß sie wach und konzentriert bleiben könnten.

Viele Menschen glauben, Ausspannen sei nicht nur unproduktiv, sondern es lenke auch ihre Aufmerksamkeit vom eigentlichen Ziel ihrer Arbeit ab: sich finanziell abzusichern und die Karriereleiter zu erklimmen. Natürlich ist es sinnvoll, viel Geld für die „goldenen Jahre" des Ruhestands zurückzulegen. Aber dieser Aufschub der Bedürfnisbefriedigung hat auch seine Tükken. Manche sterben, bevor sie sich zur Ruhe setzen können, andere werden so krank, daß sie die Früchte ihrer Mühen nicht mehr genießen können. Wieder andere haben am Ende, obwohl sie viele Jahre hart gearbeitet haben, weniger Reichtümer angehäuft als geplant. Außerdem genießen viele Ruheständler ihr Leben keineswegs in vollen Zügen, denn sie wissen gar nicht, wie das geht! Weil sie ihr ganzes Leben lang arbeitssüchtig waren, können sie nicht auf Hobbys oder liebgewonnene Freizeitbeschäftigungen zurückgreifen und müssen feststellen, daß sie gar keine Interessen haben, denen sie gerne nachgehen würden.

Weil zu einer gesunden Lebensweise nicht nur Arbeit, sondern auch Spiel gehört, müssen Sie versuchen, das rechte Gleichgewicht zu finden. Wenn Ihnen harte Arbeit wirklich Spaß macht, dann stürzen Sie sich ruhig hinein. Achten Sie aber darauf, daß Sie auch genügend Zeit „verplempern", damit Sie zwischendurch Kraft schöpfen können und am Ende nicht ausgebrannt und überanstrengt sind. Wenn Sie ab und zu auch ein bißchen „herumgammeln", erhalten Sie sich frisch und wach und sind so auch fähig, sich den wirklich wichtigen Aufgaben zu stellen. „Ich mache sehr gern lange Spaziergänge, besonders in der Natur", sagte einer unserer Patienten. „Allerdings habe ich dabei immer Schuldgefühle, weil ich doch so viele wichtige Dinge zu tun habe." Diese langen Spaziergänge aber werden ihm helfen, gesund zu bleiben, so daß er die „wichtigen Dinge" noch viele Jahre lang erledigen kann. Außerdem hat er mehr vom Leben, wenn er sich auf das, was ihm Freude macht, ohne Schuldgefühle einlassen kann und erkennt, daß er durch die richtige Mischung von Vergnügen und Arbeit auf lange Sicht mehr leisten wird.

Zahlreiche psychologische Untersuchungen haben gezeigt, daß „gezieltes Mischen" (das heißt, das Einstreuen erholsamer Tätigkeiten in die Arbeitszeit) Qualität und Menge der Arbeitsleistung steigert. Mit Spaß und Spiel laden Sie Ihre „Batterien" wieder auf, so daß Sie sich besser konzentrieren und effizienter arbeiten können. Nur wenige Menschen sind in der Lage, länger als etwa zwei Stunden voll konzentriert zu bleiben. Die meisten brauchen zwischendurch eine zehn- bis fünfzehnminütige Pause. Wenn jemand acht Stunden ununterbrochen an einer Aufgabe arbeitet, wird er in der Regel sogar viel weniger erreichen als jemand, der etwa jede Stunde eine zehnminütige Pause einlegt (und insgesamt also weniger als sieben Stunden arbeitet).

Unausgesetztes, rastloses Arbeiten untergräbt Ihre Leistungskraft. In den Pausen sollten Sie sich mit etwas beschäftigen, das mit Ihrer Arbeit wenig gemeinsam hat. Wenn Sie also Schreibarbeiten erledigen oder wissenschaftliche Literatur lesen, hat die Tageszeitung und selbst ein Comic einen geringen Erholungseffekt, und Sie sollten besser zu etwas ganz anderem übergehen, das nichts mit Lesen zu tun hat, also zum Beispiel einen flotten Spaziergang machen oder einen Freund anrufen.

Denken Sie immer daran, daß es besser ist, in Ihren Tagesablauf Entspannungsphasen einzubauen, denn sonst werden Sie wohl mehr Zeit mit Arbeiten verbringen, aber wesentlich weniger erreichen.

# Gegenmittel

 ## Sätze zum Entgiften

„Wir alle brauchen zwischendurch Leerlauf, um aufzutanken."

„Ich habe das Recht, im Leben auch Spaß zu haben."

„Es tut niemandem gut, immer nur zu arbeiten und sich nie zu zerstreuen."

„Wenn ich länger arbeite, kommt nicht unbedingt mehr dabei heraus."

„Besser arbeiten, um zu leben, als leben, um zu arbeiten."

„Ich bringe mehr zustande, wenn ich auch Spaß habe."

„Zeit, in der wir das Leben genießen, ist nie verlorene Zeit."

„Wenn ich das Leben nicht jetzt genieße, kann es eines Tages zu spät dafür sein."

---

 ## Produktive Überzeugung

Abschalten, Ausspannen und Spaß haben sind wichtige Grundbedürfnisse

# Giftige Idee 2

## Man fährt besser, wenn man die anderen unter Kontrolle hält

Schon als sie noch ein Kind war, sagte man über Kay, sie wolle „immer den Ton angeben". Sie wußte, daß sie nicht „beliebt" war, merkte aber nie, wie sehr ihre bevormundende Art anderen aufstieß. Zum Heiraten suchte sie sich einen ziemlich passiven Mann aus, den sie unter ihrer Fuchtel hatte und der Anordnungen zu hören bekam wie „Du hast um sechs zu Hause zu sein", „Verbring gefälligst nicht mehr soviel Zeit mit deiner Schwester", „Jetzt hör auf zu telefonieren" oder „Mach den Fernseher aus und geh den Rasen mähen". Nach zwei Jahren hatte Tom sie verlassen. Kays erste Reaktion war bezeichnend für sie: Alle, die sie kannte, sollten sich entweder für sie oder für ihren Mann entscheiden. „Wenn mir zu Ohren kommt, daß du irgend etwas mit Tom zu tun hattest, will ich dich nicht mehr sehen."

## Analyse

Niemand hat es gern, wenn man ihm dreinredet. Daß es Kay schwerfiel, Beziehungen aufrechtzuerhalten, ist demnach nicht sehr verwunderlich. Wer seinen Ehepartner herumzukommandieren versucht, schürt bei ihm unweigerlich Groll und Feindseligkeit. Diktatorische Arbeitgeber verlieren gute Mitarbeiter, und diejenigen, die bleiben, finden Mittel und Wege, um dem Tyrannen ins Handwerk zu pfuschen. Wer über seine Freunde zu bestimmen versucht, macht sie sich in der Regel zu Feinden.

Paare wie Kay und Tom kommen oft in unsere psychotherapeutischen Praxen. Der eine Partner versucht den anderen an die Kandare zu nehmen, und keiner von beiden ist mit der Situation wirklich zufrieden.

Jeder Mensch ist ein Individuum und hat das Recht, sein Leben nach seinem eigenen „Drehbuch" zu gestalten. (Allerdings ist es durchaus sinnvoll, jemanden an Handlungen zu hindern, mit denen er sich selbst oder anderen eindeutig Schaden zufügen würde.) „Leben und leben lassen" – dieser alte Gemeinplatz, der dazu rät, sich so wenig wie möglich in die Angelegenheiten anderer einzumischen – ist eine Strategie, die dem eigenen psychischen Gleichgewicht in aller Regel sehr zugute kommt.

Menschen wie Kay, die anderen oft hineinreden, ihnen sagen, was sie zu tun und zu lassen haben, und über sie verfügen wollen, sind innerlich oft ängstlich und unsicher. Wer sich den Wünschen anderer entgegenstellt, kann damit meist keine so starke Kontrolle ausüben, wie er das gerne hätte, und treibt zudem seine Freunde von sich weg.

Wenn Ihnen etwas daran liegt, mit Ihren Mitmenschen gut auszukommen und als liebenswert und nett zu gelten, dann lassen Sie lieber die Finger davon, Kontrolle über andere auszuüben zu wollen. Stellen Sie sich einmal folgende Fragen: Habe ich die Tendenz, über andere bestimmen zu wollen? Seien Sie ehrlich mit sich. Geben Sie gern unerbetene Ratschläge? Sagen Sie anderen oft, was sie zu tun und zu lassen haben? Versuchen Sie normalerweise, Ihren Willen durchzusetzen? Macht es Ihnen Freude, Befehle zu erteilen und Anweisungen zu geben? Sind Sie längere Zeit eingeschnappt oder schmollen Sie, wenn Sie sich über jemanden ärgern? Drohen Sie anderen zuweilen? Versuchen Sie manchmal, es jemandem „heimzuzahlen"? Wenn Sie irgendeine dieser Fragen mit Ja beantwortet haben, ist es recht wahrscheinlich, daß eine Menge Leute schlecht auf Sie zu sprechen sind.

Wenn die Handlungen eines anderen unangenehme Folgen für Sie haben oder er über Sie zu bestimmen versucht, werden Sie etwas dagegen unternehmen wollen. Wenn Sie ihn einfach bitten, dies und das nicht zu tun, wird er sich vermutlich eher dazu bewegen lassen, kooperativ und rücksichtsvoll zu sein, als wenn Sie ihm drohen oder Forderungen an ihn stellen. Falls es Ihnen aber dennoch nicht gelingt, für Abhilfe zu sorgen, raten wir Ihnen, auf Distanz zu dem Betreffenden zu gehen. Das gilt selbst für den Umgang mit Eltern, Geschwistern, anderen Familienmitgliedern, Arbeitgebern und allen Ihren Freunden.

Natürlich gibt es Situationen, in denen klar sein muß, wer der Chef ist und das Sagen hat. Notfälle machen eine klare Weisungsstruktur erforderlich, und im Berufsleben muß es im allgemeinen Leute geben, die die Arbeit anderer prüfen und beaufsichtigen. In den meisten anderen Lebensbereichen, insbesondere in engen persönlichen Beziehungen, ist es aber lohnender, auf gegenseitige Achtung zu setzen als auf Kontrolle.

Jeder von uns ist in seinem Leben schon mehr als genug gegängelt worden, durch Anweisungen der Eltern, Vorschriften in der Schule oder am Arbeitsplatz und durch staatliche Verordnungen. Deshalb wird jemand, den Sie „unter Ihrer Fuchtel" zu halten versuchen, vermutlich einen Weg finden, sich gegen Sie aufzulehnen. Für Sie und alle, mit denen Sie zu tun haben, ist es vorteilhafter, wenn Sie keine Forderungen stellen und nicht versuchen, über die anderen zu bestimmen.

Treten Sie mit Bestimmtheit auf, wenn die Situation es verlangt, und lassen Sie ansonsten, wie die Ratgeber in den Kummerkastenspalten zu empfehlen pflegen, den anderen ihren Freiraum.

# Gegenmittel

 *Sätze zum Entgiften*

Sagen Sie sich vor:
*„Besser bitten als fordern."*
*„Leben und leben lassen."*
*„Niemand läßt sich gern sagen, wie er zu leben und was er tun habe."*

„Jeder von uns muß sich mit bestimmten Situationen abfinden, die ihm gegen den Strich gehen."
„Besser mit jemandem kooperieren als ihn unter Kontrolle halten."
„Jeder hat das Recht, nach seinem eigenen Drehbuch zu leben."
„Ich habe nicht die Macht, anderen vorzuschreiben, wie sie sich zu verhalten haben."

## Produktive Überzeugung

Ich komme besser klar, wenn ich nicht versuche, über
andere zu bestimmen

# Giftige Idee 3

## „Dampfablassen" ist gesund

*Melvin war jemand, der oft „an die Decke ging". Seine Temperaments-ausbrüche hatten zur Folge, daß er mehrere Arbeitsstellen einbüßte, daß er zweimal unter erbitterten Streitigkeiten geschieden wurde und daß viele seiner Freundschaften in die Brüche gingen. „Das ist mir egal", sagte er. „Ich werde meine Gefühle nicht unterdrücken und unter Verschluß halten. Meine Schwester macht genau das, und sie hat Mi-gräne. Gesund, lebendig und ohne Freunde zu sein ist mir lieber, als daß ich an einem geplatzten Blutgefäß sterbe und ein großes Begräbnis kriege, wo die Leute dann sagen, was für ein lieber Kerl ich doch gewesen sei."*

## Analyse

Melvin glaubt, wie viele andere mit ihm, daß er Dampf ablassen müsse, wenn er wütend ist, weil andernfalls der mächtige Druck der aufgestauten Emotionen buchstäblich seine Blutgefäße zum Bersten bringen könnte. Er denkt also, „in die Luft zu gehen" sei eine gesunde Art, seinen Ärger zu äußern.

Es ist in der Tat ungesund, seine Gefühle zu verleugnen oder zu unterdrücken und womöglich nur liebenswürdig zu lächeln, wenn man wütend oder verärgert ist. Die meisten Experten raten ja auch dazu, daß man seiner Wut *Ausdruck verleihen* und sie nicht für sich behalten soll. Es ist in der Tat besser, sie „loszu-werden".

In welcher Form aber äußern Sie diese Gefühle am besten? Glauben Sie, Sie müssen unbedingt laut werden, auf den Tisch hämmern, mit den Fäusten drohen und auf den Boden stampfen? Ist es angebracht, den anderen „Bescheid zu stoßen", wenn Sie geladen sind? Gewinnen Sie die Oberhand, wenn Sie schreien und die anderen anbrüllen? Die letzten drei Fragen sind alle klipp und klar mit „Nein" zu beantworten! Menschen, die so aufbrausend wie Melvin reagieren, gelten im allgemeinen als übermäßig aggressiv. Sie wissen nicht, wie sie ihre Gefühle gelassen äußern können. Wenn sie in die Luft gehen und die Beherrschung verlieren, sind sie zwar kurzzeitig zufrieden und erleichtert, daß sie es „den anderen gezeigt haben". Hinterher sind sie aber meist genauso gereizt wie zuvor, oder ihr Kontrollverlust jagt ihnen Angst ein.

Wer dagegen selbstsicher handelt, nimmt kleinere Ärgernisse in Angriff, noch ehe daraus größere Konflikte werden, geht nicht auf unzumutbare Forderungen ein, bittet um das, was er von den anderen möchte, und macht seinen Standpunkt klar, ohne seine Wut an anderen auszulassen oder sie zu demütigen. Mit anderen Worten, er äußert seinen Ärger und andere starke Emotionen mit Bestimmtheit, direkt und vernunftgerecht.

Wenn Sie direkt sagen, worauf es Ihnen ankommt, ist das weit wirkungsvoller als eine Schimpfkanonade. Ein Beispiel: Stellen Sie sich vor, daß Sie in der folgenden Szene mit „Dennis" und „Jack" die Rolle von Dennis einnehmen. Wie würden Sie jeweils reagieren, wenn Jack Sie beschimpft oder aber seine Gefühle und Wünsche direkt äußert? Jacks wütende Attacke auf Dennis hört sich so an: „Du Dreckskerl! Was glaubst du denn, zum Teufel, wer du bist? Wie kannst du es wagen, über meinen Kopf hinweg mit meinem Chef über dein Arbeitspensum zu reden?" Statt dessen könnte Jack auch direkt seinen Standpunkt klarmachen: „Ich ärgere mich, weil du mich übergangen hast und mit meinem Chef über dein Arbeitspensum gesprochen hast. Falls dir daran liegt, daß wir miteinander auskommen, wäre es besser, wenn du so was in Zukunft nicht mehr tust." Jack bringt seinen Ärger direkt zum Ausdruck, statt ihn hinunterzuschlucken oder zu verleugnen, und es ist recht wahrscheinlich, daß Dennis darauf in positiver Weise reagiert. Durch selbstsicheres Auftreten erreichen Sie meistens mehr als durch einen Gefühlsausbruch, und vermutlich wird dabei auch Ihre Gesundheit weniger strapaziert.

# Gegenmittel

 ## Sätze zum Entgiften

„Es ist in Ordnung, wenn ich mich ärgere, aber ich zeige das besser auf selbstsichere Art und nicht aggressiv."

„Wer die Beherrschung verliert, hat die schlechteren Karten."

„Wenn ich mir die Situation jetzt umgekehrt vorstelle – wie würde ich mir wünschen, daß der andere seinen Ärger äußert?"

„Wenn ich außer mir gerate, gebe ich den anderen und den Umständen zu viel Macht über mich."

„Eigentlich können mich nur meine eigenen Gedanken rasend machen."

---

 ## Produktive Überzeugung

Bloßes Dampfablassen schadet nur; gesünder ist es, seine Gefühle selbstsicher zu äußern

---

# Giftige Idee 4

*Ganz gleich,
wie du dich aufführst –
deine Familie und deine Freunde
sollten dich trotzdem gern haben*

*Millie, eine 65jährige Witwe, hat drei erwachsene Kinder, die im näheren Umkreis wohnen. Sie ist voller Bitterkeit darüber, daß sie so selten anrufen und kaum einmal zu Besuch kommen. Sie hat ständig etwas an anderen auszusetzen, und so gut wie niemand ist gern mit ihr zusammen. An ihren Kindern hat sie schon immer herumgenörgelt, und selbst jetzt, wo sie erwachsen sind, sind die wenigen Kontakte zu ihnen davon bestimmt, daß die Mutter sie tadelt und maßregelt und ihnen vorhält, was sie alles falsch machen. Es ist also kein Wunder, daß sie wegbleiben. „Sie sollten mich aber lieben und achten – schließlich bin ich doch ihre Mutter", jammert Millie.*

## Analyse

Menschen wie Millie glauben an „bedingungslose Liebe". Ganz gleich, wie unausstehlich sie sind – die engsten Verwandten und wahren Freunde sollen nicht aufhören, sie „um ihrer selbst willen" zu lieben. Diese Sichtweise ist verfehlt. Bedingungslose Liebe ist möglich zwischen Eltern und ihren kleinen Kindern. In den meisten anderen Beziehungen dagegen hängt es von Ihrem Verhalten ab, wer Sie liebt oder haßt, wer Ihre Nähe sucht oder Sie meidet. Denn wenn ein anderer sich seine Meinung über Sie bildet, geht er dabei letztendlich von Ihrem Handeln aus, das eine deutlichere Sprache spricht als Ihre Worte. Natürlich kennen Sie Ihre eigenen Gedanken und Motive, doch der andere kann nur nach dem gehen, wie Sie sich *verhalten*, und das liegt an Ihnen.

Ihre Mitmenschen reagieren darauf, wie Sie ihnen gegenüber *handeln*, und nicht darauf, wer und was Sie „eigentlich" sind. Susie war frisch verheiratet und klagte, daß ihr Mann Ron sich angewöhnt hatte, auf dem Heimweg von der Arbeit seine Schwester zu besuchen oder in der Kneipe vorbeizuschauen, um ein Bier mit seinen Kumpels zu trinken. Susie sagte: „Ich bin seine Frau, und er sollte den Wunsch haben, mit mir anstatt mit seiner Schwester oder seinen Freunden zusammenzusein." Ron aber hatte seine Gründe, sich auf dem Heimweg Zeit zu lassen: Sobald er zur Tür hereinkam, überfiel Susie ihn jedesmal mit einer Liste von Dingen, die er erledigen sollte, und fing an, sich zu beklagen.

Werfen Sie einmal einen strengen und ehrlichen Blick darauf, wie Sie sich gegenüber den Menschen, die Ihnen wichtig sind, verhalten und was Sie für sie tun. Stellen Sie sich zuerst die Frage, ob Ihre Wesensart Sie anderen sympathisch macht, und prüfen Sie, ob die anderen Grund haben, Ihre Nähe zu suchen. Haben Sie eine angenehme Art? Ist gut mit Ihnen auszukommen? Sind Sie hilfsbereit und entgegenkommend? Bringen Sie die Zuneigung auch zum Ausdruck, die Sie für andere empfinden? Zeigen Sie Interesse an anderen? Hören Sie ihnen richtig zu?

Fragen Sie sich dann, ob Sie, ähnlich wie Millie, andere unfreundlich behandeln. Sind Sie oft kleinlich, gehässig, grob oder mürrisch? Haben Sie an anderen meistens etwas auszusetzen? Äußern Sie häufig Mißbilligung? Neigen Sie dazu, sich zu beklagen, anderen Vorwürfe zu machen und an die Decke zu gehen? Schenken Sie anderen einfach keine Aufmerksamkeit? Falls Sie den anderen einmal einen Gefallen tun, tun Sie das dann widerwillig oder unfreundlich? Ein Mensch, der Ihnen nahesteht, aber immer wieder unangenehme Reaktionen von Ihnen einstecken muß, wird wohl, ähnlich wie Millies Kinder, auf Distanz gehen – selbst wenn er Sie liebt und achtet.

Niemand kann immer nur nett, gütig, freundlich, liebevoll,

rücksichtsvoll und mitfühlend sein. Fragen Sie sich aber, wie oft und bei welchen Gelegenheiten Sie selbstsüchtig oder lieblos sind. Vergessen Sie nicht, daß Liebe sich in dem zeigt, was man *tut!* Falls Sie feststellen, daß Ihr Verhalten sich in manchen Punkten nicht mit dem deckt, wie Sie „eigentlich" sind, werden Sie wohl den Wunsch haben, Ihr Verhalten zu ändern. Wenn Sie sich beispielsweise für einen im Grunde großzügigen Menschen halten, es in einem Lokal aber nie schaffen, die Rechnung zu übernehmen und die anderen einzuladen, sollten Sie sich vornehmen, den Kellner zu bitten, daß er die Rechnung Ihnen gibt. Wenn Sie die Arbeit eines Kollegen schätzen, sollten Sie ihm das auch sagen. Und wenn Sie Wert auf Pünktlichkeit legen, sollten Sie Ihrerseits andere nicht warten lassen.

John entdeckte, warum eine solche Verhaltensänderung notwendig sein kann: „Ich bin mit Claire verheiratet – also, so dachte ich, muß sie mich auch lieben, denn das erwartet man schließlich von einer Ehefrau. Als ich allerdings mit ihrer Hilfe merkte, daß ich oft unfreundlich und pingelig bin, begann ich an meiner Einstellung und an meinen Eigenarten zu arbeiten. Statt daran herumzumäkeln, wie sie den Haushalt führte, packte ich mit an, weil mir klar wurde, daß das ja auch mein Haus ist. Schließlich ist es für sie ja auch nicht leicht, ihre Karriere und ihre Rolle als Ehefrau und Mutter unter einen Hut bringen."

# Gegenmittel

 *Sätze zum Entgiften*

„Meine Gedanken können die anderen nicht lesen – sie können nur sehen, wie ich mich verhalte."
„Die Art, wie wir handeln, macht uns zu Individuen."
„Wenn ich will, daß die anderen nett zu mir sind, muß ich nett zu ihnen sein."

# Produktive Überzeugung

Wer ich bin, ist nicht so wichtig – wichtiger ist, wie ich
mich verhalte

# Giftige Idee 5

## Freundlichkeit
## besiegt Unfreundlichkeit

*Sally wurde von ihrem Ehemann oft beschimpft. Eines Morgens beim Frühstück fing Hugh an, sie anzuschreien, weil sie telefonierte, anstatt ihm Gesellschaft zu leisten. Später an diesem Morgen holte sie seine Hemden aus der Wäscherei ab, machte einige Besorgungen für ihn und beschloß, ihm zum Abendessen sein Lieblingsgericht zu kochen. Sie waren sich von Beginn ihrer Ehe an einig gewesen, daß Hugh das Geld verdienen und Sally den Haushalt führen sollte. Sally dachte, wenn es ihr nur gelänge, im Haus eine „ideale", liebevolle Atmosphäre zu schaffen, würde Hugh nicht mehr so ausfallend gegen sie werden.*

# Analyse

Sally bestärkte ihren Mann in seinem negativen Verhalten. Denn sein Ausbruch hatte zur Folge, daß ihm lästige Pflichten abgenommen wurden und daß er sein Lieblingsessen vorgesetzt bekam. Warum hätte er seine Frau anders behandeln sollen, wenn sie doch derart positiv reagierte? Unser Verhalten wird weitgehend von seinen Konsequenzen beeinflußt: Die Ereignisse, die auf eine Handlung folgen, schwächen oder stärken die Tendenz, dasselbe erneut zu tun. Wenn Sally also nett zu Hugh ist, nachdem er sie beschimpft hat, *bringt sie ihm gerade bei,* daß es sich lohnt, sie schlecht zu behandeln. Würde sie ihm statt dessen klarmachen, daß sie nur dann willens ist, ihm gegenüber besonders freundlich und hilfsbereit zu sein, wenn er seinerseits rücksichtsvoll und zärtlich ist, so würde sich bei ihm eher ein positives Verhaltensmuster entwickeln.

Gewalt in der Ehe ist natürlich ein komplexes Problem. Daß

Hugh irgendwann damit *angefangen* hat, Sally zu beleidigen, läßt sich *nicht* damit erklären, daß sie nett zu ihm war. Vermutlich hat er selbst als Kind viel einstecken müssen (die meisten Täter sind ehemalige Opfer). Das Problem ist nun aber, daß Sally ihm signalisiert, es sei *in Ordnung*, wenn er ausfällig gegen sie wird, denn sie erweist ihm ja sogar besondere Gefälligkeiten, obwohl er sie beleidigt. Zu einem großen Teil *bringen wir anderen bei, wie sie uns behandeln sollen.* Indem Sally Hughs verletzendes Verhalten erduldet – und ihn sogar darin bestärkt –, gibt sie ihm zu verstehen, er könne sie getrost weiterhin so behandeln. Es ist an der Zeit, daß sie diesen verhängnisvollen Kreislauf durchbricht.

Corwin, einer unserer Patienten, machte sich mit derselben giftigen Idee wie Sally das Leben schwer. Jedesmal, wenn seine Frau ihn wütend angefahren hatte, schickte er ihr hinterher Blumen. Er hoffte, sie mit dieser Geste günstig zu stimmen. Statt dessen spornte er sie damit nur an, ihn noch öfter anzuschnauzen. Wir empfehlen Ihnen, andere nicht in Verhaltensweisen zu bestärken, die Sie eigentlich gerne abstellen möchten.

Ihr Ziel sollte sein, andere schon im Vorfeld davon abzuschrecken, daß sie sich Ihnen gegenüber zuviel herausnehmen.

Zu uns kommen oft Menschen, die sich am Arbeitsplatz in einer kaum erträglichen Situation gefangen sehen. Sie werden von Arbeitgebern oder Vorgesetzten schlecht behandelt und trauen sich nicht, ihre Meinung zu sagen. Oft lassen sie sich viel zuviel gefallen, um nur ihre Arbeit nicht zu verlieren. Wenn Sie sich in einer solchen Situation befinden und die Mißstände nicht zu beheben sind, ist es wohl besser für Sie, sich nach einer anderen Stelle umzuschauen. Das mag hart klingen, falls die Arbeitsstellen, die für Sie in Frage kommen, dünn gesät sind. Doch da die Situation Ihnen über den Kopf wächst, müssen Sie für sich selbst sorgen, damit Sie nicht untergehen. (Glücklicherweise gibt es heutzutage Gesetze, die es Arbeitnehmern erleichtern, sich gegen gewisse Schikanen zur Wehr zu setzen.)

Besonders viel Unheil richtet die giftige Idee 5 bei Frauen wie

Sally an. Sie sind an einen Ehemann gekettet, der beleidigend und grob mit ihnen umspringt. Viele dieser Frauen lassen aufgrund ihrer religiösen Überzeugungen oder wegen finanzieller Zwänge die herzlose Behandlung über sich ergehen und harren in der Ehe aus. Ganz gleich, wieviel Liebe und Güte sie ihrem Mann erweisen – er wird von seinem Sadismus nicht ablassen. (Wenn wir in unserer Praxis von körperlicher Gewalt in einer Ehe erfahren, schalten wir oft die Polizei, soziale Dienste und/oder Verwandte des Paares ein, die die Macht haben, dem betreffenden Verhalten ein Ende zu setzen. Niemand verdient es, mißhandelt zu werden.)

Wir begrüßen es, wenn jemand anderen mit Güte begegnet – außer wenn er damit auf Beleidigungen oder Mißhandlungen reagiert. Von dem Schauspieler Alan Alda stammt der treffende Satz: „Sei anständig zu den anderen, aber geh ihnen dann nicht von der Pelle, bis sie auch anständig zu dir sind."

# Gegenmittel

 ## Sätze zum Entgiften

„Ich brauche mich von niemandem mies behandeln zu lassen."

„Ich muß lernen, den Mund aufzumachen, wenn es mir nicht gefällt, wie man mit mir umspringt."

„Wenn jemand unfreundlich zu mir ist, werde ich ihn nicht auch noch dafür belohnen."

„Ich kann von jedem Menschen erwarten, daß er mich höflich und anständig behandelt."

„Wenn jemand grob zu mir ist, werde ich nicht lächeln und so tun, als sei das in Ordnung."

## Produktive Überzeugung

Reagiere entschlossen, wenn man dich schlecht behandelt, und laß nicht zu, daß irgend jemand grob mit dir
umspringt

# Giftige Idee 6

 *Sag nichts, was die Gefühle
anderer verletzen könnte*

Die Einstellung, die Billy bei der Arbeit an den Tag legte, galt als
„problematisch". Er war oft unverschämt zu Kunden, reagierte gegenüber seinen Untergebenen rasch gereizt und trat bei Verkaufsgesprächen
allzu penetrant auf. Die anderen sprachen hinter Billys Rücken oft über
sein Verhalten, sagten aber nie etwas zu ihm, weil sie ihn „nicht kränken
wollten". Man war sich einig, daß er im Grunde ein ganz netter Kerl
sei. Wäre jemand das Risiko eingegangen, ihn vor den Kopf zu stoßen,
dann hätte Billy vielleicht eine Chance gehabt, an sich zu arbeiten. Aber
niemand wagte es, ihn darauf hinzuweisen, daß er sich danebenbenahm,
und ihn damit möglicherweise zu verletzen. Am Ende wurde Billy wegen
seines ruppigen Stils entlassen.

## Analyse

Strenggenommen ist es gar nicht möglich, „die Gefühle anderer
zu verletzen". Denn wir können zwar *zulassen*, daß die Worte eines anderen uns weh tun, aber wir sind keineswegs *gezwungen*,
uns über seine Worte aufzuregen, ganz gleich, wie sehr sie uns
mißfallen. Auf der anderen Seite fehlt uns viel zu oft das Interesse oder die Courage, jemandem wirklich offen und gerade-
heraus die Meinung zu sagen. Die Werbespots im Fernsehen
legen nahe, man solle am besten nur indirekte Fingerzeige geben, indem man zum Beispiel Schuppenshampoo oder Mund-
wasser an auffälligen Stellen plaziert, in der Hoffnung, daß die
Botschaft bei dem Betreffenden ankommt und ihm ein Licht
aufgeht. Die Frage ist freilich, ob es nicht zweckmäßiger wäre,
solche Dinge direkt, aber mit Feingefühl anzusprechen.

Wenn Sie jemandem etwas sagen, das er lieber nicht hören möchte, ärgert er sich vielleicht, aber er wird im Laufe der Zeit darüber hinwegkommen und hat so zumindest die Chance zu einer Verhaltensänderung gehabt. Machen Sie sich klar, daß harte Worte oder Beschimpfungen ja keine körperlichen Wunden schlagen und uns nur dann kränken können, wenn wir uns verletzen *lassen*. Die uralte Redensart „Manchmal muß man grausam handeln, um gütig zu sein" ist zutiefst wahr. Es ist ein himmelweiter Unterschied, ob man es darauf anlegt, jemanden mit bösartigen Attacken in die Pfanne zu hauen und ihn auf die schlimmste Weise zu demütigen, oder ob man ihn taktvoll darauf hinweist, daß er sich in manchen Situationen vorteilhafter verhalten könnte.

Bert zwängte sich in seinen alten Smoking und fragte seine Frau, wie er darin aussehe. Ihre Antwort war kurz und brüsk: „Nimm ab, oder laß ihn ändern." Bert, der zehn Kilo zugenommen hatte, ließ sich von ihren Worten verletzen. Vielleicht wäre es ihm lieber gewesen, seine Frau hätte gelogen, aber was hätte das genützt? Das heißt nun allerdings nicht, daß wir Ihnen empfehlen, unter dem Vorwand, dem anderen zu helfen, in taktloser, rücksichtsloser Weise über ihn herzufallen. Es ist äußerst wichtig, *wie* Sie Ihre Kritik äußern; Sie können taktvoll, diplomatisch und diskret vorgehen und dabei trotzdem aufrichtig sein. So hätte Berts Frau einfach sagen können: „Ich finde, der Smoking sitzt ein bißchen eng, Schatz", und es dabei bewenden lassen.

Ein Kollege von uns wunderte sich darüber, daß zwei seiner Mitarbeiter nie fragten, ob er gemeinsam mit ihnen zum Mittagessen gehen wolle. Wir sagten ihm rundheraus: „Sie mögen deine Tischmanieren nicht – besonders daß du mit offenem Mund kaust." Er besserte sich umgehend und wurde von den anderen nicht länger ausgeschlossen.

Eine Methode, Kritik taktvoll anzubringen, ist die „Sandwich-Technik": Sie sagen etwas Positives, bevor Sie Ihre Kritik äußern, und lassen eine weitere positive Äußerung folgen. Bringen Sie Ihre Kritik nicht in Form eines direkten Angriffs vor. Sagen Sie also nicht: „Das Hähnchen ist zäh und versalzen – es wird wirklich Zeit, daß du kochen lernst!" Probieren Sie es statt dessen einmal auf die folgende Art: „Ein bißchen weniger salzig hätte das Hähnchen schon sein können, aber der Reis und die Vorspeise waren köstlich."

# Gegenmittel

## Sätze zum Entgiften

„Was ich sage, ist oft weniger wichtig als die Art, wie ich es sage."
„Wenn mir etwas wichtig ist, werde ich meine Meinung offen sagen, selbst wenn das den anderen nicht paßt."
„Solange meine Worte wirklich konstruktiv gemeint sind, kann ich dem anderen ruhig offen sagen, was mich an ihm stört."
„Manchmal muß man ein bißchen weh tun, um zu helfen."
„Es ist meistens besser, etwas direkt und freimütig anzusprechen, als nur leise Andeutungen zu machen."

---

Produktive Überzeugung

Wenn es wichtig ist, dann sag dem anderen deine
Meinung – aber mit Takt

---

40

# Giftige Idee 7

## *Versuche, stets perfekt zu sein*

*Henry gab im Beruf sein Äußerstes und war bemüht, seinen Vorgesetzten zu zeigen, daß er fehlerlos arbeitete. Für ihn hatte der Beruf Vorrang vor allem und allen. Zwei Ehen gingen in die Brüche, doch er hielt an der Überzeugung fest, er müsse im Büro stets hundertprozentige Leistung erbringen. Er wurde mehrmals befördert und erhielt mehrmals eine Gehaltszulage, aber trotz seines Pflichteifers wurde er, als die Firmenleitung beschloß, Personal abzubauen, als einer der ersten entlassen. Kollegen fühlten sich in seiner Gegenwart unwohl, und manche seiner Vorgesetzten empfanden ihn als bedrohlich. Außerdem hatte er sich, weil er niemals ausgespannt hatte, körperliche Probleme eingehandelt, die nach Meinung seiner Ärzte streßbedingt waren.*

## Analyse

Menschen wie Henry, die bestrebt sind, pausenlos 100 Prozent Leistung zu erbringen, denken wirklichkeitsfremd. Sie fordern von sich Perfektion und sehen nicht, daß Dinge nur selten und Menschen niemals perfekt sind. Wer den Anspruch an sich hat, er müsse perfekt sein, und sich an dieser unerreichbaren Norm mißt, gerät leicht in eine abwärts führende Spirale negativer Gedanken, die ihn in Unzufriedenheit, überzogene Selbstkritik und Groll hineinreißen und resignieren lassen: „Es hat ja ohnehin keinen Sinn!" Wenn sich jemand, ganz wie Henry, zu perfekten Leistungen antreibt, kann es sein, daß er damit genau das Gegenteil erreicht. Denn wer sich zu zwingen versucht, unrealistischen Anforderungen gerecht zu werden, der setzt sich übermäßigem Streß und Ängsten aus, hat vermutlich mehr Fehltage als andere und macht sich mit der Zeit kaputt. Außerdem führt Perfektionismus oft zu ungesunden Konkurrenzsituationen oder gar zu unmoralischem Verhalten (Schummeln bei Prüfungen, Vortäuschen beruflicher Qualifikationen, über die man gar nicht verfügt).

Nachdem Sie sich einmal eingestanden haben, wie unrealistisch Ihre perfektionistischen Vorstellungen sind, sollten Sie lernen, sich selbst die Erlaubnis zu geben, daß Sie nicht jede Minute des Tages auf Hochtouren arbeiten müssen. Setzen Sie sich statt dessen zum Ziel, daß Sie qualifizierte Arbeit leisten wollen, so gut Sie können, und halten Sie sich vor Augen, daß es eben Tage gibt, an denen Sie sich krank fühlen, mit einem persönlichen Problem beschäftigt sind oder aus anderen Gründen kein Interesse für Ihre momentane Aufgabe aufbringen können. Wenn Sie den Zwang abschütteln, Sie müßten Perfektes vollbringen, macht Ihnen die Arbeit mehr Freude, und folglich werden Sie gute, ja vielleicht hervorragende Arbeit leisten. Auch aus Dingen, die Ihnen nicht rundum geglückt sind, können Sie dann große Befriedigung ziehen. Arthur verbrachte zum Beispiel zwei Wochen damit, seine Bude zu streichen. Das Ergebnis war keineswegs perfekt, aber zweifellos auch besser als unbedingt notwendig. Außerdem hatte er nicht nur am Endergebnis Freude, sondern auch die Arbeit selbst hatte ihm Spaß gemacht. Von Arthur könnte Henry lernen, was der Unterschied ist zwischen einem Perfektionismus, der unweigerlich zu Enttäuschungen führt, und der Befriedigung, die sich einstellt, wenn man etwas gut hinbekommt.

Darüber hinaus müßte Henry auch lernen, Zeit für Muße, Spaß und Zerstreuung zu reservieren, damit er sich regenerieren und so seine Leistungsfähigkeit steigern kann.

(Verwandt damit ist die giftige Idee 1, *Entspannung ist Zeitverschwendung*.)

# Gegenmittel

     *Sätze zum Entgiften*

„Perfektionismus führt fast immer zu Frustration und Enttäuschung."
„Manche Dinge müssen nicht perfekt sein — es reicht aus, wenn sie passabel sind."
„Wenn du zu hoch zielst, triffst du daneben."
„Die Freude an einer Aufgabe ist oft wichtiger als das Ergebnis."
„Ich muß nicht immer mein Bestes geben."

---

     Produktive Überzeugung

Strebe nicht nach Perfektion, sondern danach, deine Möglichkeiten auszuschöpfen

# Giftige Idee 8

 *Sag lieber „Nein" —
wenn du jemandem
den kleinen Finger gibst,
nimmt er die ganze Hand*

*Lisas Antwort, wenn ihre Kinder sie für irgend etwas um Erlaubnis baten, war jedesmal „Nein". Ebenso lehnte sie es oft ab, ihrem Mann einen Gefallen zu tun. Fast keiner von ihren Arbeitskollegen konnte sie leiden, weil sie immer automatisch „Nein" sagte. Sie merkte nicht, wie teuer diese Einstellung sie zu stehen kam. Sie spürte nur, daß praktisch niemand sie wirklich mochte. Als ihr Mann drohte, er werde sich von ihr scheiden lassen, begab sie sich in Therapie.*

## Analyse

Wer selbstsicher ist, weiß, wie er unzumutbare Bitten abschlagen, überzogene Forderungen zurückweisen und seine Rechte geltend machen kann. Die Fähigkeit, „Nein" zu sagen, ist zum Beispiel sehr von Nutzen, wenn ein nervtötender Vertreter seine Schau abzieht. Ganz andere Folgen aber hat es, wenn Sie denjenigen Menschen eine Abfuhr erteilen, die Ihnen nahestehen. Hier wirkt das Neinsagen destruktiv, falls Sie nicht sehr gute Gründe dafür haben.

Eltern verfallen sehr oft in den Fehler, zu ihren Kindern auch dann strikt Nein zu sagen, wenn ein Ja oder zumindest ein Gespräch mit dem Kind für alle Beteiligten von Vorteil wäre. Die 16jährige Pam zum Beispiel wollte unbedingt zu einem Footballspiel zwischen zwei Schulmannschaften, um ihren Freund in der Position des Quarterbacks spielen zu sehen. Das Spiel sollte um sechs Uhr abends beginnen. Der Vater ließ Pam nicht gehen, weil er darauf bestand, daß sich die ganze Familie um sechs am Eßtisch versammelte. Am Ende stürmte das Mädchen aus dem Haus, ohne etwas zu Abend gegessen zu haben, versetzte die ganze Familie in Aufruhr und fühlte sich unglücklich und elend. Der Vater hätte also besser eingesehen, wieviel Pam an dem Spiel lag, und sich ihr nicht in den Weg gestellt.

Wir haben viele unglückliche Familien kennengelernt, in denen wie in Lisas Familie ein „Neinsager" den Hauptkonflikt heraufbeschwört, weil in seinen Augen gute Erziehung darin besteht, Kindern nur sehr wenige Privilegien zuzugestehen und ihnen selten eine Bitte zu erfüllen. Sagt jemand aber ohne triftigen Grund „Nein", so schürt er bei den anderen nur Groll; sie empfinden dieses willkürliche Neinsagen meistens als persönliche Zurückweisung. Das heißt nun nicht, daß Sie einem jeden Wunsch Ihrer Lieben nachkommen müssen. Wenn Sie einen stichhaltigen Grund haben, warum Sie etwas nicht tun möchten, sollten Sie ihn einfach nennen.

Warum sollten Sie in nahen persönlichen Beziehungen kein Entgegenkommen zeigen? Was spricht dagegen, „Ja" zu sagen, wann immer das möglich ist? Nehmen wir an, ein Familienmitglied fragt Sie: „Kannst du mir einen Gefallen tun?" Am besten antworten Sie dann: „Aber klar – worum geht es?" Wenn Sie rundheraus „Nein" sagen, wird das wohl kaum die Zuneigung und Liebe zwischen Ihnen fördern oder Sie einander näherbringen. Zu fragen „Was möchtest du?" ist schon besser, aber am besten ist es, Sie antworten zunächst einmal zustimmend. Falls die Bitte dann unvernünftig ist oder Ihnen ungelegen kommt, können Sie das ja dann immer noch zum Ausdruck bringen. „Ich würde ja gern für dich bei der Wäscherei vorbeifahren und Sean zum Fußballtraining bringen, aber leider komme ich heute nicht vor sieben von der Arbeit weg."

Wo ist die Grenze? Müssen Sie jede Bitte erfüllen, die ein Mitglied der Familie an Sie richtet? Das empfehlen wir Ihnen natürlich nicht. Vielmehr sollten Sie darauf achten, daß Sie selbst nicht zu kurz kommen und Ihnen genügend Zeit für Ihre eigenen Angelegenheiten bleibt. Die anderen müssen lernen, daß sie nicht „die ganze Hand nehmen" können und daß Sie nicht jeder ihrer Launen nachgeben werden. Wichtig ist *das rechte Maß*. Das heißt, Sie brauchen nicht jeder Bitte nachzukommen. Sagen Sie aber „Nein" zu Ihrem *automatischen* Neinsagen. Aus manchen Dingen, um die Sie gebeten werden, können Sie auch selbst großen Gewinn ziehen: „Komm, Papa, wir spielen Fangen!" „Mama, kommst du zu dem Theaterstück, das wir mit unserer Klasse aufführen?" „Schatz, wenn du für mich den Wagen von der Werkstatt abholst, führe ich dich an der Hafenpromenade zum Essen aus."

Suchen Sie also, kurz gesagt, nach Gründen, warum Sie auf die Bitten Ihrer Lieben mit „Ja" antworten können. Denn wenn Sie allzuoft „Nein" sagen, fordern Sie das Unglück geradezu heraus.

# Gegenmittel

 ## Sätze zum Entgiften

„Es empfiehlt sich, unzumutbare Bitten abzuschlagen; ohne guten Grund ‚Nein' zu sagen, ist dagegen unklug."
„Wenn ich ‚Nein' sage, sollte ich das klar begründen."
„Zustimmung und Einverständnis tun einer Beziehung gut, Verbote und Zurückweisungen dagegen weniger."
„Wenn man jemand eine Bitte abschlägt, erlebt er das oft als Zurückweisung."

 ## Produktive Überzeugung

Wenn dir jemand am Herzen liegt, sag „Ja", sooft du kannst

# Giftige Idee 9

 ## Ein Ultimatum
## ist ein gutes Mittel,
## um Auseinandersetzungen zu beenden

*Fred hielt es für eine clevere Taktik, anderen Vorschriften zu machen. Einer seiner Lieblingssprüche war: „Entweder es läuft, wie ich das will, oder es läuft gar nichts." Er war nicht beliebt. Wenn es bei geschäftlichen Verhandlungen hoch herging, sagte er oft: „Setzen Sie sich bis morgen um vier Uhr mit mir in Verbindung, oder das Geschäft ist gestorben." Er konnte zwar einige Siege durch Einschüchterung verbuchen, aber aufs Ganze gesehen überwogen die Niederlagen. Seine größte Niederlage mußte er einstecken, als seine Verlobte sich von ihm trennte, weil sie ihr im Verlauf einer kleineren Meinungsverschiedenheit ein Ultimatum gestellt hatte: Er war dagegen, daß sie das Wochenende mit ihrer Lieblingstante verbrachte, die aus dem Ausland zu Besuch da war. „Entscheide dich", sagte er. „Entweder du verbringst den Samstag und den Sonntag mit mir, oder wir lassen das mit dem Heiraten." Seine Verlobte gab Fred den Ring zurück und wollte nichts mehr mit ihm zu tun haben.*

## Analyse

Nötigung, Einschüchterung und Drohrede mögen im Krieg von Nutzen sein, um Druck auf den Feind auszuüben: „Bis Tagesanbruch ziehen Sie Ihre Truppen zurück, oder wir fordern unsere Luftwaffe an!" Ein Ultimatum sagt im Kern: „Tu das, sonst – –!" Es beruht auf Erpressung, Drohung und Zwang, also auf Taktiken, die im Krieg vonnöten sind. Ein Ultimatum schneidet den Weg zu weiteren Verständigungsversuchen ab. Es steht in direktem Gegensatz zu Haltungen wie Kompromißfähigkeit, Verhandlungsbereitschaft, Einfühlungsvermögen und Verständnis, die für einen echten Meinungsaustausch notwendig sind. Ein solches Machtspiel hat in einer zwischenmenschlichen Beziehung, die auf Elementen wie gegenseitiger Achtung, Rücksichtnahme, Fürsorge oder Liebe gründet, nichts zu suchen. Wer in einer solchen Beziehung ein Ultimatum stellt, verrät Unwissenheit oder Schwäche.

Brachiale Methoden dieser Art sind also im Berufs- wie im Familienleben fehl am Platz. Wenn Arbeitgeber Ultimaten stellen, machen sie sich damit in der Regel verhaßt, und die Kooperationsbereitschaft, die man ihnen entgegenbringt, ist meist nur vordergründig und nicht von Dauer. Oft sinkt die Produktivität der Mitarbeiter, die unter Umständen sogar die Ziele des Arbeitgebers zu hintertreiben versuchen. So gestand uns einer unserer Patienten: „Als mein Chef sagte, ich hätte ihm das Projekt um zwei Uhr fertig auf seinen Schreibtisch zu legen, ‚sonst – – –!', war ich dermaßen wütend, daß ich beschloß, ihm einen Strich durch die Rechnung zu machen. Ich gab also um halb zwei vor, ich sei krank geworden, und ging nach Hause. Er bekam den fertigen Entwurf erst am nächsten Tag in die Hände, konnte mich aber nicht feuern, weil mir kein Verschulden nachzuweisen war. Ich war zum fraglichen Zeitpunkt ja krank gewesen!"

Wer andere einschüchtert, verscherzt sich unter Umständen ihre Liebe und Loyalität. Sie gehen auf Distanz und sind verärgert und verbittert oder wenden sich sogar ganz von ihm ab. Deshalb ist es um so bedauerlicher, wenn Eltern, Kinder oder Eheleute zu solchen Taktiken greifen. Sarahs Eltern bestanden darauf, daß sie an den Wochenenden ohne Ausnahme um Mitternacht zu Hause war. Eines Samstagabends verabschiedete sie sich von ihrem Freund Hal und wollte, um wie befohlen bis um zwölf zu Hause zu sein, gerade losfahren, als ihr der Wagen absoff. Nachdem sie und Hal erfolglos versucht hatten, den Motor per Starthilfekabel anzulassen, rief Sarah ihre Eltern an, um ihnen die Zwangslage zu erklären und ihnen zu sagen, daß Hals Vater den Wagen zur nächstgelegenen Reparaturwerkstatt abschleppen und sie dann nach Hause fahren würde. Sarahs Vater aber schimpfte: „Du gehst einen Monat lang nicht mehr aus! Du hast um Mitternacht zu Hause zu sein, und basta! Es werden keine Ausnahmen gemacht!"

Um es noch einmal zu wiederholen: Ein Ultimatum ist möglicherweise auf dem Schlachtfeld angebracht, bei sehr harten Geschäftsverhandlungen oder als letzte Rettung, wenn man einen besonders unvernünftigen oder starrköpfigen Zeitgenossen vor sich hat. Wer aber denkt, dies sei ein angemessenes Vorgehen in Beziehungen, die auf Dauer angelegt sind, ähnelt einem Schuljungen, der sich vormacht, daß der brutale Nachbarsjunge sein treuer Freund sei.

Wer klug ist, unterläßt es, andere im Befehlston anzuschnauzen, ihnen Ultimaten zu stellen oder ihnen zu sagen, was sie zu tun haben; wenn er etwas will, bittet er darum und sagt, was er auf dem Herzen hat. Mit einem Satz wie „Falls du das und das tust (oder nicht tust), verletzt mich das sehr" werden Sie in aller Regel keinen Schaden anrichten. Wenn der andere indes zu erkennen gibt, daß ihm völlig gleichgültig ist, ob er Sie verletzt, hat es wenig Sinn, das Gespräch (und vielleicht auch die Beziehung) fortzusetzen. Jedenfalls würde Ihnen ein Ultimatum auf lange Sicht nicht helfen, Ihre Ziele zu erreichen. Mit einer kompromiß- und verhandlungsbereiten Haltung haben Sie bessere Karten. Wann immer Sie sich auf Zwang und Einschüchterung stützen, werden Sie am Ende wahrscheinlich schlechter wegkommen. Falls Sie dagegen verhandeln und sich auf Kompromisse einlassen, werden Sie damit wesentlich mehr für sich erreichen können.

# Gegenmittel

 *Sätze zum Entgiften*

*„Ein Ultimatum ist ein sicheres Mittel, jede Freundschaft dauerhaft zu untergraben."*

„Drohungen und Ultimaten machen eine weitere Verständigung unmöglich."

„Am besten äußere ich meine Vorstellungen und Wünsche einfach, ohne sie den anderen aufzuzwingen."

„Selbst wenn sich jemand einem Ultimatum fügt, ärgert er sich zumeist darüber und wird auf Rache sinnen."

„Die anderen haben das Recht, zu tun, was sie wollen, selbst wenn mir das mißfällt."

„Meine Kinder sind nicht auf der Welt, um meinen Erwartungen gerecht zu werden."

 Produktive Überzeugung

Ein Konflikt ist am besten durch Verhandlung und Kompromiß zu lösen

# Giftige Idee 10

## Mit *rückhaltloser Ehrlichkeit* kommt man am weitesten

*Marvin glaubte, es sei am besten, seiner Frau gegenüber bedingungslos und uneingeschränkt „offen und ehrlich" zu sein. Er gab alles von sich preis, verbarg keine Gefühlsregung vor ihr und teilte ihr selbst seine geheimsten Phantasien mit. Er kritisierte sie oft hemmungslos und mit brutaler Freimütigkeit. Sein Zwang, immer die Wahrheit zu sagen, hatte etwas Aggressives an sich. Seine Frau war schließlich durch einige seiner verletzenden Enthüllungen derart aufgebracht und angewidert, daß sie sich von ihm scheiden ließ.*

## Analyse

Marvin glaubte, es sei richtig, sein Innerstes restlos nach außen zu kehren und „total ehrlich" zu sein. Wir sind vielen Patienten wie Marvin begegnet, die der Meinung sind, es sei förderlich für Liebesbeziehungen, wenn die Partner einander bedenkenlos und unbedingt alles sagen. Ihr Ideal ist völlige und absolute Offenheit. Marriette drückte das so aus: „Ich sage Harold alles. Ich verberge nicht das Geringste vor ihm. Er kennt meine geheimsten Gedanken, Gefühle und Phantasien und weiß über alles Bescheid, was ich je getan habe."

Der springende Punkt dabei ist das Wort „rückhaltlos", nicht das Wort „Ehrlichkeit". Nur wenige Beziehungen überstehen es, wenn einer praktisch nichts für sich behält und fast alles ausspricht. Einfaches Taktgefühl und diplomatisches Gespür verlangen, daß manche Dinge ungesagt bleiben und daß man den Finger nicht auf bestimmte Wunden legt. Denn wenn man ohne Not und auf zudringliche, wenig hilfreiche oder beleidigende

Weise die Wahrheit sagt, kann das vernichtende Wirkung haben. Es entsteht fast ebensoviel Leid durch unüberlegt ausgesprochene Wahrheiten wie durch unverfrorene Lügen, denn ein Mensch, der zwanghaft die Wahrheit sagen muß, nimmt meist keinerlei Rücksicht darauf, wie die anderen seine Worte verkraften. (Schonungslos und ungeschminkt die Wahrheit zu sagen kann allerdings von Nutzen sein, wenn die Dinge so liegen, wie wir das bei der giftigen Idee 6 – *Sag nichts, was die Gefühle anderer verletzen könnte* – erläutert haben.)

Ein Therapeut riet Marge, „reinen Tisch zu machen" und ihrem Mann von der kurzen Affäre zu erzählen, die sie vier Jahre zuvor gehabt hatte. Welch ein unseliger Ratschlag! Was geschehen ist, ist geschehen. Leider folgte Marge der Empfehlung des Therapeuten, legte ihr verspätetes Geständnis ab und mußte erleben, daß ihre Ehe buchstäblich in Stücke ging.

Bei unserer Arbeit haben wir sehr oft mit Patienten zu tun, die unter dem Deckmantel der Ehrlichkeit ein geradezu rüpelhaftes Benehmen an den Tag legen. Zak bot dafür ein typisches Beispiel. Er verglich seine Frau oft in herabsetzender Weise mit anderen Frauen. Wurde er darauf angesprochen, antwortete er stets: „Ich bin nur ehrlich." Auch Howard beschrieb sich als einen Menschen, der „aus seinem Herzen keine Mördergrube macht", und war stolz darauf, daß er sagte, „was Sache ist". Bei Beförderungen war er allerdings oft zugunsten von weniger talentierten (aber taktvolleren) Kollegen übergangen worden, und er hatte schon derart viele Stellen durch Kündigung verloren, daß man um seine berufliche Zukunft bangen mußte.

Der zutreffende Kerngedanke dieser giftigen Idee besagt, daß Ehrlichkeit eine wichtige Tugend ist und daß es ohne Redlichkeit kein Vertrauensverhältnis geben kann. Man kann aber alles, selbst die Ehrlichkeit, zu weit treiben. Es läßt sich nicht genug betonen, daß Wahrhaftigkeit und Ehrgefühl wertvolle Tugenden sind. Doch wenn sie übertriebene oder unangemessene Formen annehmen, kann das verhängnisvolle Folgen haben.

Wir schlagen Ihnen vor, daß Sie sich jeweils eine einfache Frage stellen: Wird es wirklich hilfreich sein, wenn ich schonungslos und unverblümt die Wahrheit sage? Lautet die Antwort „Ja", so sollten Sie auch tatsächlich kein Blatt vor den Mund nehmen. Ist die Antwort aber „Nein", so behalten Sie die Wahrheit besser für sich. Als Yvonnes neuester Freund, in den sie sehr verliebt war, sie fragte, mit wie vielen Männern sie schon ins Bett gegangen war, antwortete sie vollkommen aufrichtig: „Ich weiß nicht genau, aber es müssen so um die sechzig oder siebzig gewesen sein." Sie war am Boden zerstört, als er mit ihr Schluß machte. Es wäre vielleicht klüger gewesen, einfach zu sagen: „Statt über längst Vergangenes zu reden, möchte ich mich lieber auf das konzentrieren, was uns beide verbindet." Sie hätte hinzufügen können: „Übrigens bin ich nicht HIV-positiv, und ich habe auch keine anderen Geschlechtskrankheiten."

Bitte machen Sie sich klar, daß die Gegenstrategie zu dieser giftigen Idee *nicht* sein kann: „Unehrlich währt am längsten." Wir wenden uns nur gegen eine *radikale* und *unüberlegte* Ehrlichkeit und wollen hervorheben, daß in unserem tagtäglichen Umgang miteinander Takt und Diskretion eine wichtige Rolle spielen. Vielleicht kommt es Ihnen seltsam vor, daß wir solchen Nachdruck auf diesen Punkt legen. Vergessen Sie aber nicht, daß die giftigen Ideen in diesem Buch von Menschen stammen, die zu uns in Therapie kommen. Viele von ihnen sind felsenfest davon überzeugt, daß *bedingungslose* Ehrlichkeit eine echte Tugend sei, und manche vertreten sogar den Standpunkt, Takt sei gleichbedeutend mit Falschheit und daher etwas Verwerfliches!

Zwanghafte Wahrheitstreue mag wohl nicht ganz soviel Schaden anrichten wie zwanghaftes Lügen, hat aber dennoch oft verheerende Folgen. Wenn die Wahrheit nur verletzen oder schaden würde, greift man deshalb am besten zu einer sogenannten „Notlüge". Als zum Beispiel der Mann der 72jährigen Celia nach 50 Jahren Ehe starb, sagte sie zu ihrem einzigen Sohn: „Ich war ihm eine sehr gute Ehefrau, meinst du nicht auch?" Er erwiderte einfach: „Aber ja." Seinem Therapeuten vertraute er an, daß die Mutter das ganze Eheleben hindurch ziemlich selbstsüchtig gehandelt hatte und ihrem Mann gegenüber oft aufbrausend und überkritisch gewesen war. Es wäre aber nichts gewonnen gewesen, wenn der Sohn ihr widersprochen und gesagt hätte: „Um ganz ehrlich zu sein: Ich denke, daß du ziemlich egoistisch und nörglerisch warst und keinen Grund hast, dich für eine besonders gute Ehefrau zu halten." Sein „Aber ja" war eine harmlose Lüge, mit der er seiner Mutter eine unnötige Kränkung ersparte.

# Gegenmittel

 ## Sätze zum Entgiften

„Ehrlichkeit ist meistens, aber nicht immer angezeigt."
„Man kann es mit der Aufrichtigkeit durchaus auch übertreiben und sich unter eine Art Zwang zur Wahrheit setzen."
„Unangebrachte Ehrlichkeit kann großen Schaden anrichten."
„Blinder Wahrheitsfanatismus ist fast so schlimm wie unverfrorenes Lügen."
„Kein Mensch braucht alles über mich zu wissen. Ich habe das Recht auf ein paar Geheimnisse."
„Ehrlichkeit, die andere unnötig verletzt, ist keine Tugend."

---

 Produktive Überzeugung

Nicht mit rückhaltloser Offenheit kommt man am weitesten, sondern mit Liebe

# Giftige Idee 11

*Wenn Freunde
oder Verwandte achtlos
mit mir umgehen, strafe ich sie
mit Schweigen*

*Wenn Bennie sich über andere ärgerte, behandelte er sie wie Luft.
Manchmal sprach er wochenlang kein Wort mit seiner Frau, und wenn
seine Kinder ungezogen waren, strafte er auch sie mit Schweigen. Die
Atmosphäre in der Familie war oft nur mit einer Art Grabeskälte zu
vergleichen. Es gab immer mindestens ein halbes Dutzend Leute, mit
denen Bennie momentan nicht sprach. Wenn sie auf ihn zugingen,
starrte er durch sie hindurch, wandte sich ab und ließ sie einfach stehen.
Er wurde viermal geschieden und starb einsam.*

## Analyse

Wer auf Abstand zu jemandem geht und nicht mehr mit ihm
redet, will ihm etwas heimzahlen: „Ich werde es ihm schon zeigen!" „Das wird ihm eine Lehre sein!" Bestrafungstaktiken zahlen sich indes nur selten aus – darauf heben wir in diesem Buch
immer wieder ab. Natürlich ist es sinnvoll, sich von einem lä-
stigen Menschen zurückzuziehen, der in Ihrem Leben kaum eine
Rolle spielt. Gegenüber den Menschen, die Ihnen lieb und teuer
sind, ist ein solcher Rückzug aber keine Lösung.

Bennie handelte „ohne Ansehen der Person" und ignorierte
unterschiedslos alle, die bei ihm gerade in Ungnade waren.
Doch er löste keinen einzigen Konflikt dadurch, daß er Menschen, die ihm wichtig waren – insbesondere seine Familie –,
wie Luft behandelte. Indem Bennie ausnahmslos *jeden* mit

Nichtachtung strafte, über den er sich ärgerte, zerstörte er die Grundlage für eine liebevolle Beziehung zu seiner Frau und seinen Kindern, von anderen Menschen ganz zu schweigen. Durch sein Verhalten steigerten sich seine Verbitterung und der Groll der anderen nur immer weiter. Wenn jemand schmollt und andere bestraft, indem er sie ignoriert, ist das oft ein Zeichen dafür, daß er sich unzulänglich vorkommt. So war Bennies Verhalten im Grunde feige und unreif, denn er drückte sich davor, Beziehungsproblemen ins Auge zu sehen und nach Lösungen zu suchen.

Nun gibt es in der Tat Menschen, denen man am besten aus dem Weg geht. John und Sue ließen sich nach einer turbulent verlaufenen, nur ein Jahr während Ehe scheiden und beschlossen, daß sie nichts mehr miteinander zu tun haben wollten. Wenn sie sich zufällig auf der Straße begegnen würden, wollten sie keinerlei Notiz voneinander nehmen. Ihre Beziehung war nicht zu retten, und es war zwecklos, noch weitere Energie zu investieren.

Haben Sie aber ein grundsätzliches Interesse daran, weiterhin auf gutem Fuß mit jemandem zu stehen, dann kann die Beziehung nur darunter leiden, wenn Sie sich von ihm zurückziehen oder das Gespräch mit ihm verweigern. Sally war gekränkt, als ihr einziger Bruder nicht bei einer Taufe im Familienkreis erschien. „Mit dem rede ich nie mehr ein Wort!" sagte sie. Falls sie die Beziehung zu ihm allen Ernstes ein für allemal abbrechen wollte, war ihre Entscheidung angemessen – aber auch nur dann.

Falls Ihnen an einem Menschen etwas liegt und Sie Meinungsverschiedenheiten mit ihm bereinigen wollen oder ein gemeinsames Problem zu lösen haben, ist Rückzug eine denkbar ungeeignete Strategie. Bei Problemen im Umgang mit Freunden, Kollegen, Mitarbeitern und insbesondere Familienmitgliedern – Eltern, Ehepartnern, Kindern und anderen Verwandten – ist es das Klügste, sich mit ihnen darüber *auszusprechen*.

Was ist dabei zu beachten? Wir empfehlen Ihnen, nach den

klaren und allgemein bekannten Regeln vorzugehen, wie man ein Anliegen auf selbstsichere (statt aggressive) Weise äußert. Im folgenden Beispiel setzt sich Janet auf selbstsichere Weise mit Frank auseinander:

* Zunächst *beschreibt sie das Problem*: „Als wir mit Mavis und Joel essen waren, hast du mich vom Gespräch ausgeschlossen. Bei der Party von Familie Marcus war es genauso. Sobald ich auch mal was sagen wollte, bist du mir ins Wort gefallen."

* Als nächstes *teilt sie mit, was für Gefühle das bei ihr auslöst*: „Ich bin wütend und traurig, weil ich glaube, daß ich in solchen Situationen eine lächerliche Figur abgebe, und weil ich das Gefühl bekomme, daß du auf meine Meinung nicht viel Wert legst."

* Dann *erklärt sie, welche Veränderung der Situation sie sich wünscht*: „Ich hätte gern, daß du aufhörst, mich einfach zur Seite zu schieben. Es wäre wunderbar, wenn du dich ab und zu mir zuwenden und mich fragen würdest: ‚Und was meinst du dazu?'"

* Schließlich *beschreibt sie die Folgen*, die eine solche Veränderung wahrscheinlich hätte: „Ich würde mich darüber wirklich sehr freuen und mich dir viel näher fühlen. Ich hätte auch mehr Lust, mit dir und deinen Freunden auszugehen, wenn dir daran wirklich etwas liegt."

Beachten Sie, daß Janet wohlweislich „Du bist"-Botschaften vermeidet, also zum Beispiel nicht sagt: „Du bist doch einfach ein rücksichtsloser, egozentrischer Trampel!" Wenn Sie sich mit jemandem aussprechen, kann das nicht heißen, daß Sie auf dem Problem herumreiten und über den anderen zu Gericht sitzen. Es geht vielmehr darum, das Problem aus *Ihrer* Perspektive zu beschreiben, zu sagen, was für Gefühle es in *Ihnen* auslöst, und zu erklären, welche Veränderungen *Sie* sich wünschen. Wenn Sie nach diesen Regeln vorgehen und den Konflikt auf selbstsichere Weise lösen, anstatt vor ihm davonzulaufen, kann das nur von Gewinn für Sie sein.

# Gegenmittel

 *Sätze zum Entgiften*

„Wie soll sich etwas klären, wenn ich nicht darüber rede?"

„Wenn ich mich von einem Menschen oder aus einer Situation zurückziehe, ist das Problem alles andere als gelöst."

„Wenn mich etwas, das ein Verwandter oder ein Freund tut, verletzt oder beleidigt, gehe ich am vernünftigsten, intelligentesten und reifsten damit um, indem ich mich mit ihm ausspreche."

„Wenn ich ein Problem zu lösen habe, gehe ich ihm nicht aus dem Weg, sondern ich setze mich damit auseinander."

---

 Produktive Überzeugung

Menschen, die mir lieb und teuer sind, haben ein Recht darauf, daß ich sie nicht mit Schweigen strafe, sondern mit ihnen rede

---

# Giftige Idee 12

## *Ich kann fast alles erreichen*

*„Wenn du etwas erreichen willst, mußt du es nur wirklich wollen!" Das bekam Bob immer wieder von seinem Vater und seinem älteren Bruder Ed zu hören, die beide ausgezeichnete Basketballspieler waren. Der Vater und Ed waren hochgewachsen und athletisch gebaut, während Bob sehr schmächtig war und nur über eine unterdurchschnittliche Augen-Hand-Koordination verfügte. Er bewunderte die beiden sehr und wollte ihnen nacheifern, ohne jedoch die Voraussetzungen dafür zu haben. Er konnte sich abmühen, wie er wollte — über einen durchschnittlichen Körperbau und wenig eindrucksvolle sportliche Leistungen würde er nie hinauskommen. Sein Vater ließ dennoch nicht locker: „Du gibst dir einfach nicht genug Mühe."*

## Analyse

Kann wirklich *jeder*, der das will, ein exzellenter Basketballspieler werden? Kann jeder einen großen Schriftsteller aus sich machen? Kann jeder das absolute Gehör, außerordentliche Sehschärfe oder überragende manuelle Geschicklichkeit entwickeln?

Von allen giftigen Ideen, die wir Ihnen vorstellen, führt diese die große Lebenslüge unserer Gesellschaft vielleicht am deutlichsten vor Augen. Tatsache ist, daß jeder von uns seine Grenzen hat und keineswegs „fast alles erreichen" kann. Die Beschränkungen können individueller Natur sein und auf körperlichen, geistigen oder psychischen Schwächen beruhen. Es kann auch sein, daß prägende Umwelteinflüsse uns daran gehindert haben, in bestimmten Bereichen Geschicklichkeit zu entwickeln und uns das nötige Wissen anzueignen. Hinzu kommt noch, daß wir zwar an die Rechte des einzelnen glauben und entsprechende Gesetze haben, daß aber vielen Menschen durch diskriminierende Vorurteile – sei es aufgrund ihres sozioökonomischen Status, religiöser Zugehörigkeit, Geschlecht, Alter und/oder Hautfarbe – der Weg zum Erfolg schlicht versperrt ist.

Wer sich und anderen zu beweisen versucht, daß das Unmögliche doch möglich sei, richtet Schaden an und vergeudet seine Zeit. Und doch gibt es viele Menschen, die sich Ziele in den Kopf gesetzt haben, für die sie nicht bestimmt sind. Louis, einer unserer Patienten, war der Sohn eines erfolgreichen Anwalts. Er brach sein Jurastudium ab, weil er einsah, daß er für dieses Metier ungeeignet war. Bei der Wahl des Studiengangs hatte er dem Drängen seines Vaters nachgegeben, ohne auf die eigenen Neigungen zu achten oder zu berücksichtigen, daß er außerordentlich geschickt mit den Händen war. Nachdem er das Studium enttäuscht hatte aufgeben müssen, sah er sich nach Hilfe um. In einer Therapie wurde er sich über seine eigentlichen Talente und Interessen klar und fand den Mut, auf Zahnheilkunde umzusatteln. In den Abschlußprüfungen war er einer der Besten seines Jahrgangs.

Natürlich gibt es viele Geschichten über Leute, die wider alle Erwartung Wunderdinge vollbringen. So muß in einer Zeitungsanzeige der fünfziger Jahre ein spindeldürrer Junge es sich gefallen lassen, daß man ihn am Strand mit Sand bewirft; er fängt mit Bodybuilding an und wird „Mister Universum". Eine andere Geschichte ist die vom Schulabbrecher, der sich aufs Malen verlegt und damit berühmt wird. Weniger glanzvoll sind dagegen die Geschichten der Millionen von Menschen, die auf die Nase fallen, weil ihre Ziele zu hoch gesteckt sind. Ein Bekannter von uns sagte einmal: „Ich probier's – auch wenn die Chancen nur eins zu einer Million stehen." Wir fragten ihn, ob er manchmal in der Lotterie spiele. „Aber klar!" antwortete er. Hatte er jemals etwas gewonnen? „Bis jetzt noch nicht." Diese verhängnisvolle Einstellung bringt viele wenig vermögende Leute dazu, ihr Geld auf Lotterielose zu verschwenden, die sie sich eigentlich gar nicht leisten können.

Damit Sie sich realistische Ziele stecken können, müssen Sie eine ehrliche Bestandsaufnahme Ihrer Stärken und Schwächen, Ihrer Fähigkeiten und Grenzen machen. Falls Ihnen das schwerfällt, könnte ein Begabungstest eine Hilfe für Sie sein. Zum Beispiel interessierte sich einer von uns dreien im Alter von achtzehn Jahren vor allem für Architektur, Musik, Schauspielkunst und Schreiben. Aus Begabungstests ging allerdings hervor, daß seine räumliche Wahrnehmungsfähigkeit nur sehr schwach ausgeprägt war, so daß eine Architektenlaufbahn von vorneherein ausschied. Seine musikalischen Fähigkeiten waren überdurchschnittlich, aber keineswegs überragend. Einige verständige ältere und gleichaltrige Bekannte wiesen ihn darauf hin, daß eine Karriere als Schauspieler weitgehend von Zufällen abhängig war – das Risiko war groß und der Wettbewerb hart; es gab einfach zu viele unbekannte Faktoren. Er hatte hohe Punktwerte beim mündlichen und schriftlichen Umgang mit der Sprache, doch damit einer ein erfolgreicher Schriftsteller wird, braucht es (ähnlich wie bei einem Schauspieler) mehr als nur Können. Aus dem Begabungstest, zu dem auch eine Interessenliste gehörte, ging jedoch hervor, daß er ein wirkliches Interesse an zwischenmenschlichen Beziehungen, am Lösen von Konflikten und an der Arbeit mit Menschen hatte, über entsprechende Fähigkeiten verfügte und sehr wißbegierig war, was in Menschen vor sich geht. Der Studienberater empfahl ihm, sich ernsthaft zu überlegen, ob nicht eine pädagogische, juristische oder psychologische Laufbahn für ihn in Frage komme.

Wenn Sie sich ein realistisches Bild von Ihren Voraussetzungen verschaffen – indem Sie zu einer Berufsberatung gehen oder sich selbst einzuschätzen versuchen –, ist die Gefahr geringer, daß Sie etwas werden wollen, für das Sie nicht geschaffen sind. Sie können sich auf diese Weise über Ihre Fähigkeiten klarwerden, so daß Sie nicht vergeblich versuchen, das Unmögliche zu erreichen. Wenn Sie zum Beispiel gut Tennis oder Golf spielen, können Sie sich anstrengen, noch besser zu werden, doch Sie sollten sich nicht übernehmen. Setzen Sie sich (falls Sie sich nicht bereits hervorgetan haben und ein Ausnahmespieler sind) nicht in den Kopf, Sie müßten es bis nach Wimbledon oder zu einem Masters-Turnier schaffen.

Vielleicht fragen Sie sich, ob es denn tatsächlich viele Menschen gibt, die sich solche Luftschlösser bauen. Wir kennen sehr viele, die „alles riskiert" haben und am Ende ramponiert, wenn nicht zugrunde gerichtet waren, weil sie sich zu hohe Ziele gesteckt hatten. Zum Beispiel ließ vor einigen Jahren der 22jährige Sohn eines unserer Freunde das College sausen, um eine Band zu gründen. Er hatte aber sein musikalisches Talent kraß überschätzt und scheiterte kläglich. Wir sind sicher, daß Sie ähnliche Beispiele aus Ihrem Bekanntenkreis kennen.

Viele fragen: „Wie soll ich denn wissen, ob es etwas kann oder nicht kann, solange ich es nicht nach besten Kräften versucht habe?" Bob, von dem unser Ausgangsbeispiel handelt, gaukelte sich vor, er habe das Zeug zu einem herausragenden Sportler, und mußte Enttäuschungen und Demütigungen einstecken, weil er sich den Vorstellungen seines Vaters und seines älteren Bruders unterwarf. Er hätte besser daran getan, sich auf Ziele zu konzentrieren, die für ihn erreichbar waren. Genau dies tat Sean, ein anderer junger Mann, der in einer ganz ähnlichen Lage wie Bob war. Sean machte einen großen Bogen um Turnhallen und Sportplätze (sein Vater unterrichtete Sport an der örtlichen High School), verlegte sich statt dessen auf Schach und Bridge und wurde Turnierspieler.

Wenn Sie sich einen Überblick über Ihre Interessen, Fähigkeiten und Ziele verschafft haben und noch immer glauben, daß Ihnen fast alle Wege offenstehen, könnte es sein, daß Sie zu einer ehrlichen Bestandsaufnahme nicht in der Lage sind. Sie sollten sich dann ernsthaft überlegen, das Urteil eines unvoreingenommenen Außenstehenden einzuholen. In dieser Rolle des Ratgebers sehen wir uns oft, wenn einer unserer Klienten im Begriff ist, sich zu übernehmen.

Liegt ein Ziel in Ihrer Reichweite, so sollten Sie selbstverständlich darauf zusteuern. Wenn Sie sich dabei aber überlasten, müssen Sie die Situation neu überdenken. Versuchen Sie nicht, einen Granitblock zu spalten, indem Sie mit dem Kopf dagegenhauen! Oder auch: *Vergessen Sie nicht, einen anderen Gang einzulegen.* Denn falls Ihre Pläne fehlschlagen und Sie müde, entmutigt und enttäuscht sind, ist es wahrscheinlich an der Zeit, einen neuen Weg auszuprobieren. Wenn Sie eine neue Richtung einschlagen, die Ihnen mehr liegt, werden Sie mehr Erfolg haben und daher nicht mehr so frustriert sein, und Sie werden an der Herausforderung wachsen, weil Sie sich ihr mit Begeisterung hingeben.

# Gegenmittel

 ## *Sätze zum Entgiften*

„Meine Grenzen zu kennen und zu respektieren ist nicht ein Zeichen von Versagen, sondern von Intelligenz."
„Luftschlösser verwandeln sich oft in nicht enden wollende Alpträume."
„Wer auszieht, um etwas ganz Ungeheuerliches zu erreichen, steht am Ende oft mit leeren Händen da."
„Ich will meine Fähigkeiten ehrlich einschätzen, und wenn sich zeigt, daß das Ziel in meiner Reichweite liegt, werde ich mich ins Zeug legen."
„Ich werde nicht mein Leben ruinieren, um zu zeigen, daß das Unmögliche doch möglich ist."
„Warum sollte ich den Mund so voll nehmen, daß ich mich am Ende daran verschlucke?"
„Zu wissen, was ich nicht kann, ist genauso wichtig wie zu wissen, was ich kann."

---

 ## Produktive Überzeugung

Ich kann eine Menge erreichen, wenn ich mir realistische Ziele setze und beharrlich darauf hinarbeite

---

# Giftige Idee 13

## Wenn du willst, daß etwas richtig gemacht wird, mach es selbst

Weil Tony sehr geschickt und handwerklich begabt war, wollte er sämtliche Gartenarbeiten und alle im Haus anfallenden Instandhaltungs- und Reparaturarbeiten unbedingt selbst erledigen. Dies kostete ihn viel Zeit und Kraft und bedeutete eine große Belastung für seine Ehe. Er hatte eine gutbezahlte Stelle, die ihm aber auch viel abverlangte, und so brachte er oft Arbeit aus dem Büro mit nach Hause. Trotzdem wollte er sich bei den Arbeiten im Haus nicht helfen lassen oder sie jemand anderem übertragen. Oft dauerte es Wochen, ehe er für bestimmte Aufgaben Zeit fand, so daß die Spannungen mit seiner Ehefrau wuchsen. Trotzdem verlor dieser unverbesserliche Heimwerker nicht seinen Optimismus: „Ich kriege das schon selber hin!"

## Analyse

Die Idee des Do-it-yourself ist tief in der US-amerikanischen Psyche verwurzelt. Jeden Samstagmorgen spuken die Geister bäumefällender und Blockhütten bauender Wildwestpioniere durch unsere Baumärkte. Tony ist keineswegs ein Einzelfall. Oft stimmt es natürlich, daß Sie eine Sache besser selbst in die Hand nehmen, damit sie auch wirklich erledigt (oder sachgerecht ausgeführt) wird. Aber wie mit jedem Grundsatz, der zunächst vieles für sich hat, kann man es auch mit diesem ganz offensichtlich zu weit treiben. Wir sind vielen Menschen begegnet, deren Leben nur noch aus einer endlosen Liste lästiger Pflichten bestand und die sich praktisch nie Muße und Erholung gönnen konnten, weil ja „der Rasen gemäht werden muß",

„das Haus gestrichen werden muß", „der Wagen repariert werden muß", und so weiter. Sie hätten durchaus das Geld gehabt, um diese Arbeit von anderen erledigen zu lassen, aber das kam für sie nicht in Frage, weil sie zu knauserig oder zu perfektionistisch waren. Viele Menschen können es sich natürlich gar nicht leisten, jemand für sich arbeiten zu lassen; andere wiederum beteuern: „Es macht mir Spaß, den Rasen zu mähen, und es hält mich fit"; und dann gibt es Hobbyhandwerker, die stolz verkünden: „Ich bastle schrecklich gern am Auto herum." Uns geht es hier jedoch um diejenigen Menschen, die zwar wenig Zeit, aber keine Geldsorgen haben und trotzdem unter dem Zwang stehen, Dinge unbedingt selbst in die Hand zu nehmen, die andere ohne weiteres an ihrer Stelle erledigen könnten.

Diese Menschen – die meisten von ihnen sind Männer – bringen es 1. nicht über sich, die Kontrolle über eine Sache aus der Hand zu geben, sind 2. in ihrem Selbstwertgefühl stark davon abhängig, daß sie sagen können: „Das habe ich selbst hinbekommen", und trauen es 3. einfach keinem anderen zu, daß er die Aufgabe zufriedenstellend ausführen könnte. In der Regel haben solche Menschen auch im Beruf Schwierigkeiten, Aufgaben zu delegieren, so daß sie mit der Arbeit oft nicht nachkommen. Sie wollen auf niemanden angewiesen sein, weisen in der Regel die Merkmale des gehetzten, infarktgefährdeten „Typ A" auf und arbeiten mit Hochdruck daran, sich zugrunde zu richten.

Jack und Ken waren Nachbarn. Jeder von ihnen beschloß, sein Haus durch eine Veranda zu verschönern. Ken beauftragte eine Firma und verbrachte den größten Teil des Sommers am Strand, während Jack die ganze Zeit damit beschäftigt war, die Veranda selbst zu bauen. Das wäre durchaus in Ordnung gewesen, wenn der Heimwerker und seine Familie Spaß an dem Ganzen gehabt hätten. Jack fand die Arbeit aber öde und aufreibend, und seine Frau und die Kinder nahmen es ihm übel, daß er kaum Zeit für sie hatte. Jack erzählte voller Stolz, was er geleistet hatte, aber er und seine Familie hatten dafür einen hohen Preis gezahlt.

Wenn Sie in der Lage sind, andere um Hilfe zu bitten, Verantwortung an sie zu delegieren und auf die Fähigkeiten von Profis zurückzugreifen, gewinnen Sie Zeit für wichtigere Dinge und steigern Ihre Lebensqualität. Einer unserer Freunde meinte einmal scherzhaft: „Mach niemals irgend etwas selbst, was andere für dich erledigen können." Selbst wer finanziell weniger gut gestellt ist, kann Pflichten manchmal delegieren, zum Beispiel an andere Familienmitglieder.

Eine unserer Klientinnen, eine Maschinenbau-Ingenieurin, klagte darüber, daß sie die Arbeiten, die Handwerker in ihrem Haus ausführten, eigentlich selbst besser hinbekommen hätte. Als sie nun lernte, sich auch mit etwas zufriedenzugeben, das nicht „perfekt", aber „gut genug" war, legten sich innere Spannungen und Ängste, unter denen sie seit Jahren gelitten hatte. Außerdem fand sie Zeit, sich Dingen zu widmen, die ihr wirklich Freude machten.

(Verwandt damit ist die giftige Idee 7, *Versuche, stets perfekt zu sein.*)

# Gegenmittel

 *Sätze zum Entgiften*

*„Falls ich an einer Aufgabe nicht wirklich Freude habe und falls ich nicht wirklich der einzige bin, der sie erledigen kann — warum sollte ich mir deswegen den Kopf heiß machen?"*

*„Was ich an Geld spare, verliere ich an Liebe und Zuneigung, weil ich meiner Familie und meinen Freunden Zeit entziehe."*

*„Ich will ehrlich zu mir sein: Ist es nicht bloß der Geiz, der mich daran hindert, es jemand anderen machen zu lassen?"*

*„Wenn ich Verantwortung delegiere, schaffe ich mir Freiraum für wirklich wichtige Dinge."*

## Produktive Überzeugung

Setze Prioritäten, bürde dir nicht zu viel Verantwortung auf, konzentriere dich auf Dinge, die du gern tust und die dir liegen, und delegiere öfter

# Giftige Idee 14

 *Wenn etwas danebengeht,*
*muß man einen Schuldigen finden*

*Delia war ständig auf der Suche nach Schuldigen. „Wer ist schuld daran, daß die Küche ein einziges Durcheinander ist?" „Wer hat nicht aufgepaßt, so daß wir die Abzweigung verpaßt haben?" „Wer hat den Fehler gemacht, durch den wir tausend Dollar eingebüßt haben?" Durch dieses Verhalten machte sie sich nicht sehr beliebt. Als sie ihre Arbeitsstelle verlor, lastete sie dies ihrem Chef an. Als es mit ihrer Ehe bergab ging und sie geschieden wurde, wies sie jede Verantwortung von sich und gab allein ihrem Mann die Schuld.*

## Analyse

Die Angewohnheit, einen angeblichen Übeltäter ausfindig zu machen und ihn zu beschuldigen, richtet viel Unheil an und ist der Grund für die heftigen Schuldgefühle mancher Klienten, die zu uns kommen. So sagte ein Mann zu seiner jüngeren Schwester: „Du bist schuld, daß unsere Mutter gestorben ist. Du hättest den Arzt früher rufen sollen." In diesem Fall entbehrte der Vorwurf jeder Grundlage und war deshalb vielleicht noch verletzender, als wenn er den Tatsachen entsprochen hätte. Aber selbst wenn der Bruder recht gehabt hätte – was hätte seine Bemerkung gebracht?

Schuldzuweisungen haben im wesentlichen vier Nachteile. Erstens lösen sie das Problem nicht. Wer einem anderen die Schuld für eine tatsächliche oder eingebildete Missetat zuweist, schaut nur auf die *Vergangenheit*: „Es war dein Fehler, daß Clayton bei Oma auf der Farm vom Pferd gefallen ist." „Du hast mit der Sektflasche nicht aufgepaßt und Claras neues Kleid ruiniert."

Um ein Problem zu lösen, braucht man gewöhnlich einen Plan, der auf *zukünftiges* Verhalten zielt: „Achte beim Satteln der Pferde bitte darauf, daß du die Höhe der Steigbügel danach einstellst, wie groß der Reiter ist." „Ich glaube, eine Sektflasche öffnet man am besten über dem Spülbecken."

Zweitens führen Schuldzuweisungen immer zu Spannungen. Die meisten Menschen gehen in die Defensive, wenn man ihnen etwas vorwirft. Wenn ihnen die Vorhaltungen ungerechtfertigt erscheinen, werden sie mit ziemlicher Sicherheit zum Gegenangriff übergehen. Und selbst wenn sie sich schuldig fühlen, werden sie vermutlich versuchen, sich zu rechtfertigen. Vorwurfsvolle Bemerkungen werden also unweigerlich als Angriff empfunden.

Menschen, die anderen die Schuld geben, versäumen es, Verantwortung für ihr eigenes Handeln zu übernehmen. Bei Auseinandersetzungen ist es fast nie so, daß der eine zu 100 Prozent recht und der andere zu 100 Prozent unrecht hat. Wer die Schuld immer bei anderen sucht, sollte sich deshalb einmal fragen: „Was habe *ich* falsch gemacht?" oder „Was habe *ich* zur Entstehung dieses Problems beigetragen?" Nur so kann man aus seinen Fehlern lernen.

Menschen, die immer nur anklagend mit dem Finger auf andere zeigen, verhindern, daß beide Seiten zu dem stehen, was sie falsch gemacht haben. Dies ist nur möglich, wenn man eine Situation objektiv betrachtet. Stan zum Beispiel demonstriert Einsicht, wenn er seinen Konflikt mit Rick folgendermaßen einschätzt: „In der Diskussion mit Rick ließ ich ein paar unangebrachte Bemerkungen fallen, nämlich daß seine Frau leicht durchdrehe und sie keinen Humor habe. Das war dumm von mir, weil es gar nichts mit dem zu tun hatte, worüber Rick und ich gerade sprachen, und weil es uns nur vom Thema abbrachte. Rick machte dann ein paar genauso unfreundliche Bemerkungen über die Scheidung meiner Schwester. Wir haben also beide zur Eskalation des Konflikts beigetragen, weil wir nicht beim Thema geblieben sind."

Schuldzuweisungen setzen das Selbstwertgefühl herab, besonders bei Kindern. Im Kern bringt eine Schuldzuweisung meist so etwas zum Ausdruck wie: „Du bist böse." „Du bist dumm." „Du hast unrecht." „Du bist ekelhaft." „Du bist egoistisch." Als Psychotherapeut hat man es oft mit Patienten zu tun, die sich praktisch jedesmal, wenn etwas schiefgeht, in Selbstvorwürfen zerfleischen. Schaut man sich ihre Lebensgeschichte an, so stellt man fast immer fest, daß die entscheidenden Entwicklungsjahre durch Schuldvorwürfe von seiten der Eltern und Lehrer geprägt waren.

Schuldzuweisungen, Anklagen, Verurteilungen, Schimpftiraden und Vorhaltungen sind destruktiv, ob sie sich nun gegen andere oder gegen einen selbst richten. Sie verhindern konstruktive und kreative Konfliktlösungen. Dagegen ist es eine der nützlichsten Angewohnheiten, die Sie kultivieren können, wenn Sie sich zuerst selbst fragen: „Was habe *ich* zur Entstehung dieses Problems beigetragen?" Um es noch einmal zu betonen: Bei einem Streit ist es fast nie so, daß die eine Partei zu 100 Prozent im Recht und die andere zu 100 Prozent im Unrecht ist.

Dan sah das anders: Als er mit seinem Gruppenleiter ein Problem hatte und gefeuert wurde, suchte er die Gründe dafür bei der Betriebsverwaltung, beim Gruppenleiter und beim Geschäftsführer – nur nicht bei sich selbst. *Wir wollen damit freilich nicht sagen, daß Sie die Schuld bei sich selbst suchen sollen* (denn Selbstbezichtigungen sind genauso destruktiv wie Schuldvorwürfe an andere). *Vielmehr wollen wir darauf hinaus, daß Sie sich der Verantwortung für Ihr Handeln stellen sollten, ohne irgendwelche Schuldzuweisungen vorzunehmen:* „Ich will versuchen zu verstehen, was ich hätte anders machen können, damit die Sache besser gelaufen wäre."

Wenn zwischen Ihnen und einem anderen etwas schiefläuft, sind Sie schlecht beraten, wenn Sie nur wissen wollen: „Wer hat etwas falsch gemacht und ist also schuld an dem Ganzen?" Statt dessen sollten Sie sich beide fragen: „Was können *wir* anders machen? Wie können *wir* verhindern, daß das erneut passiert?" Das eröffnet Ihnen die Möglichkeit, sich darüber zu verständigen, wie dem Problem beizukommen ist. Vergleichen Sie einmal die folgenden Sätze: (1) „Wir haben das Tennismatch verloren, weil du immer zu früh ans Netz gegangen bist." (2) „Wir sollten unsere Grundlinientaktik abstimmen, damit klar ist, wann wir am besten ans Netz gehen." Beachten Sie, daß der zweite Satz, im Unterschied zum ersten, eine Erklärung dafür anbietet, warum etwas schiefgelaufen ist, und keine Schuldzuweisung enthält. Das gibt den Doppelpartnern die Möglichkeit, aus ihren Fehlern zu lernen.

Vergessen Sie nicht, daß es die Suche nach einer konstruktiven Lösung nur erschweren kann, wenn Sie irgend jemanden (also auch sich selbst) zum Schuldigen stempeln. Anstatt dem anderen Vorwürfe zu machen („Du bist schuld, daß die Telefonrechnung so hoch ist!"), bitten Sie ihn besser, sein Verhalten zu ändern („Die Telefonrechnung ist sehr hoch – könntest du bitte versuchen, deine Ferngespräche einzuschränken?").

# Gegenmittel

 *Sätze zum Entgiften*

*„Schuldzuweisungen und Genörgel werden als aggressiv empfunden und haben fast immer destruktive Auswirkungen."*
*„Suche nicht nach Schuldigen, sondern nach einer Lösung."*
*„Den anderen oder dir selbst die Schuld zu geben schadet nur. Versuche statt dessen herauszubekommen, wie ähnliche Fehler in Zukunft zu vermeiden sind."*
*„Wenn du versucht bist, jemanden zum Schuldigen zu stempeln, fragst du dich am besten zuerst, ob du das Problem nicht mitverursacht hast."*

---

 Produktive Überzeugung

Wenn etwas schiefgeht, solltest du herausfinden, woran es liegt, und nach einer Lösung suchen

---

# Giftige Idee 15

 *Strafe ist die beste Disziplin*

*Vera war eine Zuchtmeisterin, die ihre Familie mit eiserner Faust regierte. Alle, ihr Ehemann eingeschlossen, hatten pünktlich zu sein und ohne jede Diskussion die Aufgaben zu erledigen, die sie ihnen zuwies. Veras Strenge war oft unangemessen und überflüssig. Sie nahm nie auch nur einen Augenblick lang Rücksicht auf das, was die anderen Familienmitglieder empfanden oder zu sagen gehabt hätten. So war es kein Wunder, daß ihre Kinder ängstlich waren und mit vielen psychischen Problemen zu kämpfen hatten. Veras Vater war ein ranghoher Marineoffizier gewesen, der im Dienst und zu Hause „ein strenges Regiment führte". „Verglichen mit Vera war er aber ein zahmes Kätzchen", meinte ihr Ehemann.*

## Analyse

Mit Strafen lassen sich viele unerwünschte oder störende Verhaltensweisen zeitweise unterdrücken. Aber nur selten ist eine Strafe das richtige Mittel, Konflikte zu lösen oder Streit zu verhindern. Vielmehr werden die Probleme durch Strafen oft noch größer. Wer wie der Mann und die Kinder von Vera gemaßregelt wird, in dem steigen typischerweise Abneigung, Angst, Haß, Niedergeschlagenheit oder andere negative Empfindungen auf. Vielleicht gelingt es ihm auch, dem Strafenden eins auszuwischen, indem er dessen Absichten hintertreibt oder indirekt seine Aggression gegen ihn los wird, und der ohnehin schon qualvolle Zwist spitzt sich dadurch noch weiter zu. Es ist nicht zu leugnen: Ob das Opfer nun gerügt, gescholten, zurechtgewiesen, ausgeschimpft oder, was noch schlimmer ist, geschlagen wird – Strafen erzeugen alles mögliche, nur nicht Liebe.

Wenn man jemanden nach dem Prinzip „Jetzt will ich dir mal

eine Lektion erteilen" streng bestraft, lernt der Betreffende dadurch am Ende nichts anderes, als daß er am besten selbst auch gewalttätig und streng vorgehen und andere beleidigend und brutal behandeln oder aber, wenn das nicht möglich ist, zu Kreuze kriechen müsse. Strafe erzeugt Abneigung und bringt niemanden weiter. Strafe ist eine primitive und unzulängliche Methode, jemandem etwas beizubringen, indem man ihn einschüchtert, schikaniert und quält: „Benimm dich, sonst ...!"

Wenn Ihr Kind ungezogen ist und Sie lassen es einfach gewähren, machen Sie es ihm schwer, zu angemessenen Verhaltensweisen zu finden und schließlich Selbstdisziplin zu entwickkeln. Dennoch ist der alte Spruch „Wer die Rute spart, verzieht das Kind" grundfalsch. Wünschenswertes, angemessenes und sozial günstiges Verhalten kommt durch die richtige Anleitung und durch gutes Vorbild zustande, nicht durch die „Rute". Wir (und ebenso unsere Regierungen) würden gut daran tun, auf Anleiten und Erklären zu setzen, statt auf Einschüchtern und Vergelten.

Wenn Sie bei der Erziehung Ihres Kindes ein Problem lösen oder es dazu bringen wollen, negatives Verhalten zu unterlassen, erreichen Sie Ihr Ziel am ehesten dadurch, daß Sie das Kind in seinem positiven Verhalten bestärken. Eine Fülle von psychologischen Studien hat gezeigt, daß das Belohnen erwünschter Reaktionen viel stärker zum Lernen anregt als das Bestrafen unerwünschter Verhaltensweisen. „Ertappen" Sie Ihr Kind beim „Liebsein", und belohnen Sie es dafür. Lassen Sie das Kleinkind erkennen, wie stolz Sie auf es sind, weil es gesagt hat, daß es auf die Toilette muß; bestrafen Sie es nicht, weil es zu spät damit herausgerückt ist. Loben Sie den achtjährigen Jungen, wie gut er sein Zimmer aufgeräumt hat – selbst wenn das Ergebnis gehobenen Ansprüchen nicht ganz gerecht würde. Und wenn Ihre Teenage-Tochter zwanzig Minuten nach der vereinbarten Zeit von ihrem Rendezvous nach Hause kommt, aber vorher angerufen hat, um die Verspätung anzukündigen, sollten Sie ihr dafür danken.

Ihr Kind wird glücklicher und kooperationswilliger sein, wenn

Sie, statt es fürs „Bösesein" zu bestrafen, mit einer Belohnung reagieren, sobald es eine erwünschte Verhaltensweise an den Tag legt oder eine unerwünschte unterläßt. Denn letztlich wollen Sie ihm dazu verhelfen, eine Selbstdisziplin zu entwickeln, durch die es zu einem eigenständigen, psychisch gesunden, glücklichen Erwachsenen werden kann.

# Gegenmittel

 *Sätze zum Entgiften*

*„Positive Verstärkung zahlt sich aus, Strafen dagegen schaffen meistens nur noch größere Probleme."*

*„Es ist besser, Kinder freundlich und liebevoll zur Disziplin anzuhalten, als sie zu bestrafen."*

*„Mit Bestrafung erreicht man allenfalls, daß eine störende Verhaltensweise vorübergehend unterdrückt wird."*

*„Anleiten ist besser als Einschüchtern."*

*„Die meisten Menschen lernen aus freundlichen Worten viel mehr als aus strengen."*

---

 Produktive Überzeugung

Bestrafe andere nicht für ihre Fehler, sondern belohne sie für das, was sie richtig machen

# Giftige Idee 16

 *Behalte deine Gefühle für dich*

*Eric behielt seine Gedanken und Gefühle größtenteils für sich. Sein Vater sagte oft: „Selbst ein Fisch macht den Mund besser nicht auf, sonst hängt er nämlich an der Angel!" Eric wurde also beigebracht, daß andere Menschen ihm nicht weh tun oder ihn ausnutzen konnten, wenn er seine Ansichten und Gefühle vor ihnen verborgen hielt. Er klagte voll Bitterkeit, daß er sich oft „schrecklich einsam" fühle.*

## Analyse

Eric gehört zu den vielen Menschen, die es für klug halten, auf andere einen geheimnisvollen Eindruck zu machen und ihnen ein Rätsel zu sein: „Je weniger andere über mich wissen, um so besser!" Das stimmt nicht! Und oft genug hat dieser Irrtum traurige Folgen. Echte Liebe oder wirklich enge Freundschaften sind nur möglich, wenn man etwas von sich preisgibt und sich den anderen anvertraut. Natürlich gibt es bestimmte Situationen, in denen Sie Ihre tiefsten Gefühle vor den anderen besser verbergen sollten. Wenn Sie es aber zu einem Lebensprinzip machen, Ihre Wertvorstellungen und Gefühle geheimzuhalten, werden Sie sich in einer emotionalen und geistigen Wüste wiederfinden.

Wer seinem Ehepartner, Freunden und anderen Menschen mit zu großer Zurückhaltung begegnet, der beraubt sich der Freude, die er durch gegenseitige Offenheit und das Gefühl von Zusammengehörigkeit erleben könnte. Er ist auf dem besten Weg in Einsamkeit und Isolation. Hinzu kommt, daß man, indem man sich anderen öffnet, auch sich selbst besser kennenlernt.

Wir wollen nicht abstreiten, daß Mitteilsamkeit auch riskant sein kann. Es kann vorkommen, daß jemand versucht, das, was Sie ihm anvertraut haben, gegen Sie zu verwenden. Normalerweise ist aber leicht zu merken, wer auf Ihrer Seite ist und wem Sie lieber aus dem Weg gehen sollten, wem Sie getrost Ihre geheimsten Gedanken, Empfindungen und Taten offenbaren können und wer Sie wahrscheinlich hintergehen wird. Sie wären schlecht beraten und sehr zu bedauern, wenn Sie sich Ihr Leben lang hinter einer Fassade verstecken würden, nur weil irgendwann irgendein Widersacher ausnutzen könnte, was er über Sie erfahren hat. Wenn Sie sich ständig vor den anderen verschließen, so daß keine vertrauensvollen oder liebevollen Beziehungen entstehen können, die Sie bereichern und Ihnen Rückhalt bieten, entfremden Sie sich am Ende auch von sich selbst.

Viele Menschen verkünden voller Stolz: „Ich bin nicht leicht zu durchschauen." Doch was soll daran bewundernswert sein? Wenn man zu viel für sich behält, kann das genauso verhängnisvoll sein, wie wenn man zu sehr nach außen geht. Wir alle sind schon geschwätzigen Menschen begegnet, die uns auf Anhieb ihre ganze Lebensgeschichte erzählen, mit intimen Details, die das Gegenüber eigentlich gar nicht hören möchte. Genauso schlimm ist es aber, wenn ein sehr „diskreter" Mensch einen undurchdringlichen Schild vor sich herträgt. Oft fühlen sich sogar seine Familie und Menschen, die ihm eigentlich nahestehen, zurückgestoßen, ausgeschlossen und entfremdet. Viele Menschen, die wie Eric glauben, sie dürften ihre Gefühle nicht nach außen dringen lassen, schotten sich so wirkungsvoll ab, daß sie im Grunde wie in Einzelhaft leben. Was treibt sie dazu, ihre wahren Gefühle selbst vor den Menschen zu verbergen, die ihnen am nächsten stehen – ist es Angst, Scham, Argwohn oder ein schlechtes Gewissen?

Falls Ihnen enge Beziehungen zu Ihrer Familie und Ihren Freunden wichtig sind, raten wir Ihnen dringend, den anderen anzuvertrauen, was Sie bewegt und beschäftigt. Gehen Sie selektiv vor, und erzählen Sie nicht jedem gleich alles von sich. Fangen Sie behutsam an und suchen Sie sich Menschen aus, bei denen Sie sicher sind, daß Sie ihnen vertrauen können. Wagen Sie es dann, allmählich offener und mitteilsamer zu werden (natürlich nach wie vor nur gegenüber bestimmten Menschen), und beobachten Sie, wie sich Ihre Beziehungen mit der Zeit befriedigender gestalten. Nehmen Sie sich vor, freimütig zu äußern, was Ihnen durch den Sinn geht – allerdings ohne zuviel des Guten zu tun.

Es ist nicht gesund, Ihre wahren Gefühle zu verhehlen oder zu unterdrücken. Wir empfehlen Ihnen nicht, x-beliebigen Leuten Ihr Herz auszuschütten. Doch Sie werden es sicherlich nicht bereuen, wenn Sie sich einen Kreis von Vertrauten schaffen, denen Sie sich öffnen können.

(Verwandt damit ist die giftige Idee 10, *Mit rückhaltloser Ehrlichkeit kommt man am weitesten.*)

# Gegenmittel

 *Sätze zum Entgiften*

„Bin ich anderen ein Rätsel, so bleibe ich auch mir selbst ein Buch mit sieben Siegeln."

„Enge Freundschaften leben davon, daß jeder dem anderen etwas von sich preisgibt."

„Vertrauensvolle Beziehungen entstehen dadurch, daß man sich Menschen aussucht, denen man sich nach und nach öffnen kann."

„Wenn ich den anderen nur eine Fassade zeige, so daß sie mich gar nicht so akzeptieren können, wie ich wirklich bin, werde ich mich unsicher und wie ein Schwindler fühlen."

„Wer nicht will, daß man ihn durchschaut, baut sich selbst ein Gefängnis."

„Wenn du deine wahren Gefühle ständig vor den anderen geheimhältst, kennst du dich bald selbst nicht mehr."

## Positive Überzeugung

Zeig, was dich bewegt, damit Vertrauen und Nähe
entstehen können

# Giftige Idee 17

## Mit *deinem ersten Eindruck von einem Menschen liegst du immer richtig*

Dennis traf Claire bei der Hochzeit seiner Schwester und fühlte sich sehr zu ihr hingezogen. Ein paar Wochen später lud er sie ein, ihn zu einem Abendessen mit zwei anderen Paaren zu begleiten. Claire war den ganzen Abend über so still, daß Dennis auf der Stelle das Interesse an ihr verlor. „Es ist, als wäre sie gar nicht richtig da", sagte er zu seiner Schwester Nancy, „sie ist eine durch und durch langweilige Person." Nancy, die Claire sehr gut kannte, versicherte Dennis, daß ihre Freundin normalerweise sehr temperamentvoll und lebhaft sei. Vielleicht, meinte Nancy, hatte Claire an jenem Abend unter ihrer gelegentlich auftretenden Migräne gelitten und war deshalb so in sich zurückgezogen gewesen. Doch Dennis ließ sich nicht überzeugen. Er blieb dabei, daß Claires Verhalten bei jener Abendgesellschaft ganz sicher typisch für sie gewesen sei.

## Analyse

Wenn man über jemanden, den man erst seit kurzem kennt, sehr rasch ein pauschales Urteil fällt, liegt man damit meistens falsch. „Alice ist ein äußerst selbstsüchtiger Mensch", behauptete Kenny. „Woher willst du das wissen?" fragte man ihn. „Nun, als ich sie fragte, ob sie mir bei meiner Semesterarbeit helfen könnte, stellte sich heraus, daß ihr der Tennisunterricht wichtiger war." Es war richtig, daß Alice zuweilen ihr eigenes Vergnügen an die erste Stelle setzte – aber eben nur *zuweilen*. Meistens konnte man sie als uneigennützig bezeichnen und oft sogar als ausgesprochen großzügig und entgegenkommend.

Kenny bildete sich ein, Alice durchschaut zu haben, aber er täuschte sich.

Viele unserer Verhaltensweisen sind stark von der Situation oder vom jeweiligen Gegenüber abhängig. Wenn Gina mit ihren Eltern und älteren Geschwistern zusammen war, wirkte ihr Verhalten oft kindisch und regressiv, in praktisch allen anderen Situationen aber verhielt sie sich angemessen und ihrem Alter entsprechend. Tom war im allgemeinen gelassen und gutmütig, doch wenn ihm sein Onkel Bill begegnete, wurde Tom sarkastisch, boshaft und aggressiv. Tom sah ein: „Onkel Bill bringt meine schlimmsten Seiten zum Vorschein." Der Onkel aber zog den falschen Schluß, Tom sei einfach „ein Ekel".

Wenn Sie zu gut begründeten und verläßlichen Schlußfolgerungen über jemanden gelangen wollen, müssen Sie beobachten, wie er sich in einer Reihe unterschiedlicher Situationen verhält. Bevor Sie „Er ist ein Egoist" oder „Sie ist schüchtern" sagen, müssen Sie fragen: „*Wie* egoistisch oder schüchtern, und *unter welchen Voraussetzungen, mit wem, und bei welchen spezifischen Gelegenheiten?*" „Handelt er manchmal ausgesprochen uneigennützig?" „Ist sie manchmal eindeutig *nicht* schüchtern?" Wenn Sie in Ihrem Denken und Handeln von *Tatsachen* ausgehen und keine endgültigen Schlüsse ziehen, bevor Sie nicht genügend Anhaltspunkte und klare Fakten beisammenhaben, werden Sie sich und anderen eher gerecht.

(Verwandt ist die giftige Idee 36, *Geh nach deinem Gefühl, dann kann dir nichts passieren.*)

# Gegenmittel

 *Sätze zum Entgiften*

*„Ich kenne sie ja nicht sehr gut."*
*„Ich habe ihn ja erst zwei-, dreimal gesehen."*
*„Vielleicht hatte er einen sehr schlechten Tag, als wir uns begegnet sind."*
*„Kein Mensch gibt sich in allen Situationen genau gleich."*

„Habe ich mir wirklich ein einigermaßen vollständiges Bild machen
können?"
„Was ging drumherum vor, als sie sich so aufführte?"
„Könnte es sein, daß es hier ein Problem gibt, das mir entgangen ist?"
„Habe ich genügend Fragen gestellt, um meine Annahmen abzusi-
chern?"
„Suche nach Fakten, anstatt voreilige Schlüsse zu ziehen."

 Produktive Überzeugung

Jeder Mensch ist einzigartig; ich weiß nicht, wie jemand
„wirklich" ist, bevor ich ihn nicht in ganz verschiedenen
Situationen erlebt habe

# Giftige Idee 18

## Was ich auch tue,
## es muß meinen Eltern gefallen

Roger schildert, wie er sich um die Anerkennung seiner Eltern bemühte: „Als ich fünfunddreißig wurde, merkte ich, daß ich bis dahin fast alles im Leben meinen Eltern, inbesondere meinem Vater zuliebe getan hatte. Ich war immer ihr Lieblingskind und strengte mich mächtig an, damit sie stolz auf mich sein konnten. Nach der High-School ging ich auf ein College, das mein Vater ausgesucht hatte, und auch danach folgte ich seinen Wünschen und schrieb mich auf einer Fachhochschule für Wirtschaft ein. Mit dreißig war ich verheiratet, hatte zwei Kinder und verdiente viel Geld, doch es ging mir erbärmlich, und schließlich versuchte ich mich umzubringen. Ich erkannte, daß ich nicht mein eigenes Leben lebte – ich folgte nur dem Drehbuch, das mein Vater für mich vorgesehen hatte. Ich hatte Dora geheiratet, weil meine Eltern sie mochten, nicht weil ich sie wirklich liebte . . . Und so ließ ich mich scheiden, obwohl meine Eltern strikt dagegen waren, zog in einen anderen Bundesstaat, studierte Medizin und fing an, nach meinen eigenen Vorstellungen zu leben."

## Analyse

Viele Menschen, junge wie alte, sind der Meinung, sie müßten den Erwartungen ihrer Eltern gerecht werden und stets deren Beifall finden. Doch das ist keine gesunde Art zu leben. Ganz im Gegenteil. Machen Sie sich am besten konsequent von *jeglichem* Zwang frei, Sie müßten unbedingt irgendwelchen Erwartungen entsprechen, die andere an Sie stellen (und umgekehrt sollten Sie keinem anderen Ihre eigenen Erwartungen aufzwingen).

Ihre Eltern müssen sich mit einer Menge von Dingen abfinden, die ihnen mißfallen, ohne daß sie etwas daran ändern könnten – Umweltverschmutzung, Verbrechen, Steuern, Inflation. Ganz ähnlich wird es ihnen mit ihrem Nachwuchs ergehen, und deshalb wäre es unrealistisch zu hoffen, Sie könnten mit allem, was Sie tun, den ungeteilten Beifall Ihrer Eltern finden. Vermutlich sind ja auch Sie nicht mit allen Handlungsweisen und Ansichten Ihrer Eltern restlos einverstanden. Ein realistischeres Ziel wäre, daß Ihre Eltern *akzeptieren*, nicht gutheißen, was Sie tun.

Eltern, die ihre erwachsenen Kinder wirklich lieben, sind schlecht beraten, wenn sie von ihnen erwarten, daß sie ihr Leben nach *irgend jemandes* Wünschen ausrichten. Joel studierte Medizin, weil sein Vater das von ihm wollte, und machte an einer renommierten Universität seinen Doktor. Doch anstatt den Traum des Vaters, daß sein Sohn Chirurg werden und ein Vermögen machen sollte, auch weiterhin zu erfüllen, beschloß Joel, in die Forschung zu gehen. Er wurde ein hervorragender Wissenschaftler und Fachautor und leitete ein großes Laboratorium. Trotzdem hielt er sich für einen „Versager", weil er viel weniger verdiente als seine Studienkollegen, die Ärzte geworden waren. Hätte er den Nobelpreis errungen (der mit einer großen Geldsumme verbunden ist), wäre sein Vater zufrieden gewesen. Doch da er es nun einmal nicht bis zum Nobelpreis brachte, wurde Joel das Gefühl nicht los, daß er seinen Vater enttäuscht hatte.

Am besten werden Sie und Ihre Eltern miteinander auskommen, wenn die Eltern einsehen, daß Sie Ihr Leben so gestalten müssen, wie *Sie* das wollen, und daß sie sich nicht einmischen sollten. Natürlich kann es nicht schaden, wenn Sie sich Rat bei Ihren Eltern und anderen holen, aber letztes Endes müssen Sie das tun, was nach Ihrem *eigenen* Gefühl das Beste ist. Es bleibt Ihren Eltern überlassen, mit Ihnen oder Ihrem Lebensstil nicht einverstanden zu sein, doch Sie müssen sich nicht wie eine Marionette ihren Vorstellungen fügen. Natürlich ist es besser, wenn Kinder und Eltern miteinander einig sind und ihre Beziehung von Liebe und Respekt getragen ist. Ein derartiges Einvernehmen ist aber leider oft nicht zu erreichen. Selbst wenn Sie das bedauern, müssen Sie *Ihren eigenen* Weg weitergehen. Um ein erfülltes Leben zu führen, müssen Sie sich also unter Umständen den Wünschen Ihrer Eltern entgegenstellen. Denn wenn Sie die ganze Zeit bestrebt sind, Ihre Eltern zufriedenzustellen und sich ihrer Liebe und Zustimmung zu versichern, geht das wirkliche Leben an Ihnen vorbei.

# Gegenmittel

 *Sätze zum Entgiften*

„Ich bin nicht auf dieser Welt, um irgendwelchen Erwartungen zu entsprechen, die man an mich stellt."

„Ich werde so leben, wie es mir entspricht, und nicht, wie irgend jemand es gerne hätte."

„Ich will lernen, das Drehbuch meines Lebens selbst zu schreiben und meine eigene Melodie zu singen."

„Es wäre mir lieber, wenn meine Eltern gutheißen würden, was ich tue, aber ich kann auch ohne ihre Zustimmung glücklich sein."

„Wenn meinen Eltern mißfällt, was ich tue oder wie ich bin, braucht mich das nicht aus der Fassung zu bringen."

„Wenn ich mich selbst achten und schätzen kann, ist das besser, als wenn ich dem Bild zu entsprechen versuche, das andere sich von mir machen."

---

 Produktive Überzeugung

Den Beifall meiner Eltern zu finden ist erstrebenswert, aber nicht lebensnotwendig

---

# Giftige Idee 19

## Erfolg und Geld
## sind der Schlüssel zum Glück

*Soweit Peter zurückdenken konnte, war sein größter Herzenswunsch immer gewesen, viel Geld zu verdienen. Schon als Kind war er ein kleiner Materialist gewesen und hatte sich Strategien und Systeme ausgedacht, wie man zu Geld kommen könnte. Als Erwachsener arbeitete er sehr hart, absolvierte eine der besten Wirtschaftsschulen und war bald der Besitzer einer erfolgreichen Ladenkette mit Haushalts- und Eisenwaren. Er wurde in den Verwaltungsrat mehrerer großer Unternehmen berufen. Peter war das Musterbild des Mannes, der „hart arbeitet und reich damit wird". Die Sache hatte allerdings einen großen Haken: Peter war nicht glücklich. Auf seiner Jagd nach Geld und Ansehen hatte er keine Zeit gefunden, enge und liebevolle Beziehungen zu pflegen.*

## Analyse

Während Peter sich immerhin die Anerkennung und den Reichtum (wenn auch nicht die Zufriedenheit) erworben hatte, auf die er aus war, arbeiten sich viele Menschen zu Tode, ohne es je zu Wohlstand oder nennenswertem Prestige zu bringen. Arbeitssüchtige, sogenannte Workaholics, leben fast genauso ungesund wie jemand, der von chemischen Substanzen wie zum Beispiel Alkohol abhängig ist. Manch einer arbeitet sich ab, weil er genügend Geld anhäufen will, um später im Ruhestand das Leben genießen zu können, und stirbt vorher oder wird so krank, daß er die Früchte seiner Plackerei gar nicht mehr genießen kann.

Beruflicher Erfolg und der materielle Lohn, den er abwirft, bieten keine Gewähr für Zufriedenheit. An sich ist nichts dagegen einzuwenden, wenn jemand hart arbeitet und sich bemüht, genügend Geld zu verdienen, damit er das Notwendige bezahlen und sich, mit etwas Klugheit und Glück, ein bißchen Luxus leisten kann. Harte Arbeit ist oft schon in sich befriedigend; es tut gut, wenn Arbeitgeber und Kollegen Ihre Anstrengungen und Leistungen schätzen und anerkennen. Das Gegenmittel zur giftigen Idee, daß Erfolg und Geld garantiert glücklich machen, kann also nicht eine „Aussteiger-Philosophie" sein, denn das hieße nur, ins andere Extrem zu verfallen. Falls Sie nicht zu den wenigen Glücklichen gehören, die im Beruf uneingeschränkte persönliche Erfüllung finden, sollten Sie versuchen, Arbeit und Geld nicht als Selbstzweck, sondern als Mittel zu einem Zweck zu betrachten. Jemand hat das einmal folgendermaßen ausgedrückt: „Der höchste Lohn für unsere Arbeit und Mühe ist nicht das, was wir dafür bekommen, sondern das, was wir dadurch werden."

Zu innerem Reichtum gelangen Sie nicht dadurch, daß Sie Wohlstand und materielle Besitztümer, also die äußeren Zeichen von „Erfolg" erwerben, sondern vielmehr dadurch, daß Sie „in zwischenmenschliche Güter investieren", also in liebevolle Beziehungen zu Ihrer Familie und Ihren Freunden, mit denen Sie die einfachen Freuden des Lebens teilen und genießen können.

Einer der glücklichsten Menschen, die wir kennen, ist ein Mann, der die meiste Zeit seines Lebens in einem Lebensmittelgeschäft gearbeitet hat. Weil seine Eltern arm waren und es sich nicht leisten konnten, ihn die High School beenden zu lassen, mußte Tom mit vierzehn Jahren anfangen zu arbeiten. Zwölf Jahre später heiratete er Eloise. Sie lebten in einem bescheidenen Haus, kamen mit dem Geld gerade so über die Runden, aber sie waren glücklich und hatten drei reizende Kinder. Tom hatte viel Zeit, um mit seiner Familie zusammenzusein, seinen Hobbys nachzugehen, Freundschaften zu pflegen und sich am Leben zu freuen. Auch heute, mit 83 Jahren, hat Tom viel Freude an der Beziehung zu seiner Frau, seinen Kindern, Enkeln und Urenkeln. Wenn Peter mit Tom tauschen könnte, würde er einen guten Tausch machen! Wer reich und berühmt ist, wird nicht automatisch glücklich.

Ein Freund erzählte uns eine eindrückliche Geschichte. Ihm war in seiner Kindheit aufgegangen, von welch unschätzbarem Wert enge Beziehungen sind. Er wuchs in einer außerordentlich wohlhabenden Familie auf und wohnte in einer riesigen Villa mit Tennisplätzen und mehreren Swimmingpools. Von seinem Schlafzimmerfenster aus konnte er eine Reihe kleiner Häuser sehen, am Rande des viele Hektar großen Landes, das seiner Familie gehörte. „Wer wohnt denn dort?" wollte er wissen. „Das sind arme Leute", erwiderte seine Mutter und schilderte ihm das Elend, in dem diese Menschen offenbar lebten. Unser Freund aber machte eine ganz andere Entdeckung: „Als ich sechs oder sieben war, bekam ich ein Fahrrad und sah mir zum ersten Mal jene Häuser aus der Nähe an. Aus einem war Lachen zu hören, und ich fragte mich, was um alles in der Welt diese bedauernswerten Menschen wohl zu lachen haben könnten. Später schloß ich Freundschaft mit einem Jungen aus dieser Straße, obwohl meine Eltern das nicht gerne sahen. Als ich das erste Mal bei ihm zu Gast war, sah und spürte ich die Liebe, die diese Familie zusammenhielt und die bei uns zu Hause fehlte. Meine Eltern waren einfach derart damit beschäftigt, ihre Millionen zusammenzuhalten, daß sie sich kaum für etwas anderes interessierten. In der Familie meines Freundes dagegen gab es ein Zusammengehörigkeitsgefühl, wie ich es nie erlebt hatte. Obwohl ich erst sieben Jahre alt war, begriff ich damals, daß Nähe und Freundschaft viel wichtiger sind als Geld."

# Gegenmittel

 *Sätze zum Entgiften*

*„Es gibt Wichtigeres im Leben als Geldverdienen."*
*„Reichtum ist keine Garantie, glücklich zu sein."*

„Wirklich ‚reich' ist, wer von seiner Familie und seinen Freunden geliebt wird."

„Ein Millionär, der keine Liebe und Mitmenschlichkeit erfährt, leidet an innerer Verarmung."

„Lebe nicht, um zu arbeiten, sondern arbeite, um zu leben."

„Dein wahrer Wert bemißt sich nicht nach deinem Besitz."

 Produktive Überzeugung

Der Schlüssel zum Glück sind liebevolle Beziehungen

# Giftige Idee 20

*Einmal das Opfer,
immer das Opfer*

*Carol ist seit zehn Jahren in Psychoanalyse. Sie hatte eine unglückliche Kindheit, weil ihr Vater ein Tyrann war und ihre Mutter sich in die Rolle einer „Märtyrerin" fügte. Carol war das einzige Mädchen von fünf Geschwistern und hatte das Gefühl, daß die Eltern den Söhnen Liebe und Achtung entgegenbrachten, während sie die Tochter vernachlässigten und übergingen. Carol sagt, ihre Brüder seien nur selten nett zu ihr gewesen. „Über diese Verletzungen werde ich wahrscheinlich nie hinwegkommen", erklärt sie. Sie ist dreiundvierzig.*

## Analyse

Ihre Lebensgeschichte und Ihre genetische Ausstattung bilden die Grundlage für die Entwicklung Ihrer Persönlichkeit. Zweifellos können die Auswirkungen von Kindheitserfahrungen bis weit ins Erwachsenenalter hineinreichen, da wir die Neigung haben, alte Verhaltensmuster zu wiederholen. Doch in der Regel kommen Sie nur dann nicht über Ihre Vergangenheit hinweg, wenn Sie selbst den alten Mustern Macht über sich geben.

Carol räumt dem, was einmal war, ungeheure Macht über sich ein und erkennt nicht, daß ihre Vergangenheit vergangen ist und keinen magischen Einfluß auf ihre Gegenwart oder Zukunft ausüben kann. Als Kind konnte sich Carol tatsächlich nicht gegen ihren dominierenden und ziemlich brutalen Vater wehren. Gut dreißig Jahre später meint sie, sie habe nach wie vor keine andere Wahl, als in der Rolle des unterwürfigen Opfers zu verharren.

Viele Menschen, die als Kinder kein glückliches Zuhause hatten, empfinden sich auch später noch immer als ohnmächtig und böse. Die 23jährige Becky drückte das so aus: „Wie soll ich denn jemals fähig werden, mich selbst zu mögen? Schließlich bin ich doch das Kind eines Alkoholikers." Auch Menschen, die als Kind ständig geschlagen oder sexuell mißbraucht wurden, sind oft Gefangene ihrer Vergangenheit.

Doch wir Menschen *haben die Macht*, dem destruktiven Einfluß unserer Vergangenheit ein Ende zu setzen. Es gibt viele Belege dafür, daß Menschen selbst in sehr schwerwiegenden Fällen, insbesondere wenn sie einfühlsame professionelle Hilfe erhalten, nicht unbedingt in der Opferrolle verharren und dauerhaft durch ihre Vergangenheit beeinträchtigt sein müssen. Manche Gewohnheiten und Empfindungen sind keineswegs leicht zu überwinden – aber unmöglich ist es nicht. Es gibt Hoffnung.

Wenn Sie wie Carol gegen falsche Vorstellungen nicht angehen und sie statt dessen als die Wahrheit über sich selbst akzeptieren, werden Sie von Ihrer schmerzlichen Vergangenheit niemals loskommen. Um veralteten „Wahrheiten" und Ideen über sich selbst zu Leibe zu rücken, müssen Sie hier und heute anfangen, sich neue Taktiken zur Problemlösung anzueignen.

Wurden Sie als Kind oft gedemütigt, so ist anzunehmen, daß Ihre Psyche sämtliche Erniedrigungen aufgezeichnet hat und sie auch später immer wieder „abspielt". Diese negativen „Selbstgespräche" setzen dann meistens auch viele negative Gefühle in Gang. Wenn es Ihnen gelingt, Ihre Selbstgespräche ins Positive zu wenden, wird es Ihnen viel leichter fallen, auch Ihre negativen *Gefühle* in positive umzuwandeln. Eine der wirkkräftigsten Formen von Psychotherapie, die kognitive Verhaltenstherapie, zielt hauptsächlich auf eine Veränderung der Sätze ab, die man zu sich selbst sagt. Wenn Sie sich oft genug sagen, daß Sie an einer Aufgabe scheitern werden, dann scheitern Sie entweder tatsächlich, oder Sie fühlen sich zumindest unzulänglich, bevor Sie überhaupt einen Versuch gemacht haben. Sagen Sie sich hingegen, daß Sie Erfolg haben werden, so steigen Ihre Chancen, daß Sie es auch tatsächlich schaffen, gewaltig. Klingt das einfältig? Mag sein. Doch positive Sätze haben die Macht, positive Gefühle zu erzeugen, besonders wenn Sie zugleich bewußte Anstrengungen unternehmen, im Einklang mit Ihren Wünschen zu handeln.

Wir möchten Ihnen eine Technik vorstellen, wie Sie gegen Ihre negativen Selbstgespräche angehen können. Machen Sie zuerst eine Liste sämtlicher demütigenden Bemerkungen, die Sie sich jemals anhören mußten. Gehen Sie diese negativen Sätze dann einen nach dem anderen durch und prüfen Sie, ob etwas an ihnen dran ist und ob irgendwelche Tatsachen für sie sprechen. Diese Übung erfordert ein wenig Zeit und Mühe, denn nur durch wiederholtes Überprüfen und Anfechten der Sätze kann sich etwas verändern. Zum Beispiel sind Sie, selbst wenn Sie in der Vergangenheit einige Dummheiten begangen oder anderen geschadet haben, deswegen nicht *Ihrem Wesen nach* dumm oder gemein. Beobachten Sie, wie Sie sich selbst mit negativen Bemerkungen wie den folgenden heruntermachen: „Nichts, was ich anpacke, gelingt mir." „Ach, was soll's! Ich bin einfach unfähig, irgend etwas richtig zu machen." „Ich bin ein völliger Idiot." „Ich tauge zu nichts." „Ich habe es nicht verdient, glücklich zu sein." Ersetzen Sie solche herabsetzenden Gedanken immer und immer wieder durch positive Aussagen: „Ich bin nicht auf den Kopf gefallen." „Ich mache das ganz gut." „Ich bin ein guter Verkäufer." „Manchmal kann ich sehr interessant und amüsant sein." „Ich hoffe, ich bekomme eine Gehaltserhöhung, aber falls nicht, werde ich das schon verkraften." Achten Sie darauf, daß Ihre positiven Aussagen realistisch sind – es hilft nichts, sich zu belügen –, aber vermeiden Sie Sätze, mit denen Sie sich selbst kritisieren und herabsetzen, und konzentrieren Sie sich auf Ihre Pluspunkte.

Sie sollten nicht nur Ihren negativen Selbstgesprächen entgegenwirken, sondern auch aktiv gegen Ihre Überzeugung vorgehen, Sie seien durch Ihre Vergangenheit auf immer festgelegt. Eine wirkungsvolle Methode besteht darin, an bestimmte unselige Kindheitserlebnisse zu denken, während Sie tief entspannt sind, und sich zum Beispiel Folgendes immer wieder vorzusagen: „Das ist mittlerweile Geschichte. Es ist schon lange vorbei. Ich bin jetzt erwachsen." Sie können auch Visualisierungstechniken ausprobieren. Rufen Sie sich schmerzliche Kindheitserlebnisse ins Gedächtnis und stellen Sie sich beispielsweise plastisch vor, wie die Menschen, die Ihnen weh getan haben, auf die Größe von Ameisen schrumpfen. Wenn Sie diese Übungen beharrlich wiederholen, können Sie damit vielen traumatischen Erlebnissen aus der Vergangenheit den Stachel nehmen. Viele Menschen berichten, daß sie aus solchen Übungen gestärkt hervorgehen.

Ihr zukünftiges Verhalten gründet in Ihrem heutigen. Was Sie heute tun, ist morgen Ihre Vergangenheit. Deshalb können Sie sich aus den Fängen einer leidvollen Vergangenheit befreien, indem Sie mit Entschlossenheit daran arbeiten, Ihre Denkmuster zu ändern, indem Sie Visualisierungsübungen machen sowie neue, angemessenere Verhaltensweisen erproben (das heißt, sich zum Beispiel zwingen, wie ein selbstsicherer Erwachsener aufzutreten, selbst wenn Sie weiche Knie dabei haben). Wenn Sie unbeirrbar Ihr negatives Selbstgespräch in positive Selbstbejahung umwandeln und sich in selbstsicherem Verhalten üben, wird die neue Denk- und Handlungsweise im Lauf der Zeit zu einem grundlegenden Teil Ihrer Persönlichkeit. Sie müssen sich dann nicht mehr länger mit den Niederlagen der Vergangenheit quälen und können sich jetzt und in Zukunft auf Ihre Wünsche und Bedürfnisse konzentrieren.

# Gegenmittel

 *Sätze zum Entgiften*

*„Was vorbei ist, ist vorbei; ich kann und will mich davon lösen."*
*„Ich bin jetzt erwachsen und kein verängstigtes Kind mehr."*
*„Ich bin nicht dazu verdammt, bis ans Ende meiner Tage unter den Wunden der Vergangenheit zu leiden."*
*„Ich halte mich nicht unnötig mit dem auf, was war; statt dessen konzentriere ich mich auf das, was ist und was möglich ist."*

„Ich verhalte mich wie ein selbstsicherer Erwachsener, selbst wenn ich mich manchmal wie ein ängstliches Kind fühle."
„Wenn ich mich dabei ertappe, wie ich mich selbst heruntermache, werde ich üben, das, was ich mir vorsage, neu zu formulieren und negative Aussagen durch positive ersetzen."

 Produktive Überzeugung

Du kannst dich von den Wunden der Vergangenheit
frei machen

# Giftige Idee 21

## Sei bescheiden, bilde dir bloß nicht ein, du seist etwas Besonderes

*Jim war ein äußerst intelligenter, fähiger und begabter junger wissenschaftlicher Assistent, der es für primitiv und rüpelhaft hielt, „Reklame" für sich zu machen. Infolgedessen war er anderen gegenüber sehr zurückhaltend, so daß sie den Eindruck bekamen, es fehle ihm an Selbstvertrauen. Weil er sich also weit unter Wert verkaufte, geriet er gegenüber weit weniger kompetenten Kollegen bei Beförderungen immer ins Hintertreffen. Seine Devise „Meine Arbeit spricht für sich selbst" brachte ihm wenig mehr ein als mäßige Zufriedenheit mit sich selbst. Im Privatleben war er nicht selbstsicher genug, um auf Frauen zuzugehen, die er attraktiv fand, und blieb einsam, so daß er sich aus diesem Grund schließlich in Therapie begab.*

## Analyse

Die „Verpackung", in der Sie sich präsentieren, hat einen ungeheuren Einfluß darauf, wie die anderen Sie wahrnehmen. In der Regel erweist sich jedes Extrem, sei es übermäßige Bescheidenheit oder maßlose Überheblichkeit, als selbstdestruktiv. Falsche Bescheidenheit erregt oft den Unmut der anderen und kann, wie Jim schmerzlich erfahren mußte, in Isolation und Einsamkeit führen.

Als Sam fragte, ob Ned ein guter Tennisspieler sei, erwiderte Ned: „Ich bin eher Durchschnitt." In Wahrheit spielte Ned sehr gut und hatte mehrere Turniere gewonnen. Als schließlich offenbar wurde, daß er dabei war, Sam in Grund und Boden zu spielen, war dieser davon überzeugt, daß Ned gelogen hatte, um ihn besser vorführen zu können. Dazu wäre es nicht gekommen, wenn Ned einfach gesagt hätte, daß er tatsächlich ein guter Spieler war. Das wäre keineswegs unbescheiden gewesen. Unbescheidenheit hätte sich vielleicht eher so angehört: „Machst du Witze? Ich bin ein phantastischer Spieler. Mein Aufschlag kommt normalerweise mit über 150 Stundenkilometern. Ich bin unbesiegter Champion in drei Ligen und wahrscheinlich der beste Spieler in diesem Bundesstaat." *Das* wäre in der Tat unverschämt – es sei denn, es wäre als Scherz gemeint. Jeder weiß, daß Prahlerei und Maulheldentum Zeichen von Unsicherheit sind und daß diese Art von Verhalten meist auf Ablehnung stößt. Viele Menschen denken stets nur in einfachen Gegensätzen und glauben deshalb, daß jemand nur *entweder* bescheiden *oder* arrogant sein kann. Sie gehen also zu Recht davon aus, daß es von schlechtem Geschmack zeugt, aufschneiden und großtun zu müssen, ziehen daraus aber den falschen Schluß, mit übermäßiger Bescheidenheit hätten sie das bessere Teil erwählt.

Es gibt jedoch einen Mittelweg. Am besten geben Sie Ihre Stärken offen zu erkennen, ohne damit zu protzen. Sie müssen Ihre Talente weder verbergen noch Ihr eigenes Loblied singen. Bekennen Sie Farbe, anstatt Ihre Fähigkeiten herunterzuspielen oder zu verleugnen. Auf diese Weise vermeiden Sie unnötige Mißverständnisse und Zurückweisungen und gewinnen unter Umständen die Anerkennung und Wertschätzung der anderen.

Solange Sie sich aus falscher Bescheidenheit unter Wert verkaufen, brauchen Sie sich nicht darüber zu wundern, daß man Sie „übersieht" oder Ihre fachlichen Qualitäten nicht honoriert. Falls Sie bestimmte Dinge gut beherrschen und über Spezialwissen oder besonderes Geschick verfügen, ist es ratsam, mit Ihren Talenten und Fähigkeiten nicht hinterm Berg zu halten. Mit unangebrachter Zurückhaltung kommen Sie nicht weiter als mit Eitelkeit, Überheblichkeit und Einbildung. Zeigen Sie sich und Ihre Fähigkeiten einfach im richtigen Licht, nicht großsprecherisch oder mit einer Neigung zur Selbstbeweihräucherung, sondern indem Sie Ihr Können in angemessener Weise offenlegen und darstellen.

# Gegenmittel

 ## Sätze zum Entgiften

„Es gibt einen Mittelweg zwischen Aufgeblasenheit und übertriebener Bescheidenheit."

„Die eigenen Stärken und Fähigkeiten offenzulegen ist nicht dasselbe wie für sich ‚Reklame zu machen'."

„Wer falsche Bescheidenheit an den Tag legt, ist nicht aufrichtig und muß mit unliebsamen Folgen rechnen."

„Normalerweise besteht die beste Taktik darin, meine Fähigkeiten offenzulegen, ohne mit ihnen zu protzen."

„Wenn ich etwas gut kann und das auch sage, bin ich nicht selbstgefällig, sondern ganz einfach aufrichtig."

 ## Produktive Überzeugung

Stelle dein Licht nicht unter den Scheffel!

# Giftige Idee 22

*Unverblümte Kritik
ist ein guter Weg,
um andere von ihren Fehlern
abzubringen*

*Howard gab offen zu, daß er „sehr kritisch" war. Er war Inhaber eines Marktforschungsunternehmens. Von den acht Sekretärinnen, die er innerhalb eines Jahres für dieselbe Stelle engagierte, kündigten die meisten innerhalb eines Monats. Er war dreimal geschieden und hatte keine engen Freunde. Howard hielt sich für einen „anständigen, vernünftigen Kerl mit hohen Wertmaßstäben". Er konnte nicht verstehen, warum fast alle Menschen, mit denen er zu tun hatte, sich als derart dünnhäutig erwiesen. „Wie soll denn einer etwas lernen, wenn man nicht offensiv Kritik an ihm übt?" fragte er.*

## Analyse

Aus Fehlern zu lernen ist die Grundlage von Erziehung und innerem Wachstum. Oft gibt uns die Kritik der anderen eine Orientierung. Problematisch dagegen ist es, mittels negativer Verallgemeinerungen angebliche Wesenszüge zu beschreiben. Denn mit Vorwürfen wie „Du bist einfach blöde!" stößt man den anderen nur vor den Kopf. Es ist in aller Regel von Nachteil, jemanden *als Person* anzugreifen anstatt ein *bestimmtes Verhalten* anzusprechen.

Viele Beziehungen zerbrechen daran, daß die Kritik nicht auf bestimmte Handlungen, sondern auf die Person zielt. Wird jemand in dieser Weise attackiert, so sieht er sich in seiner Selbstachtung bedroht; er fühlt sich entwertet und herabgewürdigt, geht in Verteidigungsstellung und wird ärgerlich, weil die Kritik sich auf Probleme anstatt auf Lösungen konzentriert und Konflikte somit eher schürt als behebt.

Wenn man jemanden unter dem Vorwand „konstruktiver Kritik" abkanzelt, verächtlich behandelt, verspottet oder verlacht, beschwört man zwangsläufig Probleme herauf. Die meisten Menschen mögen es nicht, wenn man ihnen sagt, was sie zu tun haben oder was mit ihnen nicht stimmt. Nörgelnde Eltern ziehen meist neurotische Kinder heran – eine sichere Geldquelle für Psychotherapeuten. Wer an seinem Ehepartner herumkrittelt, bringt ihn gegen sich auf – und sorgt dafür, daß den Scheidungsanwälten die Arbeit nicht ausgeht.

Im Alltag werden Sie unweigerlich mit Situationen und Ereignissen konfrontiert, die Ihnen gegen den Strich gehen. Menschen machen Fehler, handeln zuweilen gedankenlos oder egoistisch, vergessen manche Dinge und verhalten sich nicht immer so, wie Sie das gerne hätten. In solchen Momenten verspüren Sie wahrscheinlich den Drang, eine Bemerkung loszuwerden, dem anderen einen Rat zu geben oder ihn auf seine Fehler hinzuweisen. Falls Sie aber barsch oder pingelig oder mit beißender Ironie reagieren, erreichen Sie vermutlich nur, daß er gekränkt ist.

Wenn Sie kritische Bemerkungen nicht behutsam formulieren und mit Feingefühl vorbringen, tragen Sie nichts zur Lösung des betreffenden Problems bei, ja sie verschärfen es sogar noch. Bei einem Konflikt sollten Sie Ihr Gegenüber daher nicht attackieren, sondern nach Lösungen suchen und sich Strategien einfallen lassen, wie das Problem anzugehen ist.

Die folgende Geschichte dürfte Ihnen klarmachen, worum es uns hier geht:

Aaron ärgerte sich jedesmal, wenn seine 17jährige Tochter Melanie vergessen hatte, beim Verlassen des Hauses die Alarmanlage einzuschalten. Er und seine Frau gingen normalerweise um sieben Uhr morgens aus dem Haus, Melanie um acht Uhr. Eines Morgens war Melanie sehr in Eile, um den Bus um 8 Uhr 15 noch zu erreichen; sie stürmte aus dem Haus und merkte erst unterwegs, daß sie die Alarmanlage nicht eingeschaltet hatte – und das, obwohl zwei Monate zuvor bei einem Einbruch verschiedene Wertsachen aus dem Haus gestohlen worden waren. „Das macht mich noch wahnsinnig!" sagte Aaron zu seiner Frau, der es nicht anders als ihm ging.

Wären diese Eltern gut beraten, wenn sie ihrer Tochter vorwerfen, sie sei dumm, vergeßlich, schusselig, egozentrisch und verantwortungslos? Sollten sie ihr unterstellen, daß sie ihre Eltern absichtlich ärgern will, oder ihr drohen, daß sie abends nicht mehr ausgehen darf oder kein Taschengeld bekommt, falls sie noch einmal vergißt, die Alarmanlage anzustellen? Wir meinen, daß jede dieser „Lösungen" das Problem wohl nur verschärfen und zusätzliche Schwierigkeiten heraufbeschwören würde.

Aaron war so klug, Melanie zu fragen, ob auch sie der Meinung sei, daß die Alarmanlage in Betrieb sein sollte, wenn niemand im Haus war. (Hätte sie das verneint, so hätte er mit ihr eingehender über diesen Punkt reden müssen, und er hätte eine Erklärung dafür gehabt, warum sie die Alarmanlage so oft vergaß.) Sie stimmte Aaron zu, daß es wichtig war, die Alarmanlage einzuschalten, fügte aber hinzu, sie sei am Morgen eben oft unkonzentriert und mit den Gedanken woanders. Aaron fand eine einfache, aber wirksame Lösung. Nachdem er sich vergewissert hatte, daß Melanie das Haus immer durch den Nebeneingang verließ, klebte er über die Türklinke ein nicht zu übersehendes Schild, auf dem mit leuchtendroten Buchstaben geschrieben stand: IST DIE ALARMANLAGE AN? Mit diesem Schild war das Problem behoben.

Es ist unvermeidlich, daß Sie hin und wieder in Situationen kommen, in denen Ihnen nicht behagt, was jemand sagt oder tut. Falls Ihnen in einem solchen Fall an einer konstruktiven Konfliktlösung gelegen ist, müssen Sie Ihre Kritik vorsichtig formulieren. Vergleichen Sie die folgenden zwei Sätze miteinander: (1) „Du bist ein Egoist." (2) „Ich hätte es schön gefunden, wenn du den Kuchen mit Tommy geteilt hättest." Fällt Ihnen auf, daß im zweiten Satz nur eine leichte Wertung mitschwingt?

Er zeigt dem Kind zudem einen Weg auf, wie es sich beim nächsten Mal anders verhalten kann.

Das Grundrezept ist, den anderen *um eine Verhaltensänderung zu bitten, anstatt ihn persönlich anzugreifen.* Sagen Sie also nicht: „Ich finde es furchtbar, wie du die Kinder anbrüllst", sondern: „Ich hielte es für besser, wenn du die Kinder nicht mehr anschreien würdest." Anstatt zu schimpfen: „Ja glaubst du denn, ich bin dein Dienstbote oder dein Sklave?", könnten Sie sagen: „Ich fände es wirklich gut, wenn du dein Geschirr nach dem Essen abspülst und in die Spülmaschine räumst." Wenn Sie es sich zur Gewohnheit machen, den anderen nicht persönlich anzugreifen, sondern ihn auf die Verhaltensweisen anzusprechen, bei denen Sie sich eine Veränderung wünschen, wird dies Ihnen beiden zum Vorteil gereichen.

# Gegenmittel

 *Sätze zum Entgiften*

„Bevor ich jemanden zurechtweise, sollte ich einen Moment innehalten und überlegen, wie ich am besten dabei vorgehe."
„Spott und Hohn, Sarkasmus und abfällige Bemerkungen sind das Gegenteil von konstruktiver Kritik."
„Es ist besser, den anderen nicht persönlich anzugreifen, sondern ihn zu einer Verhaltensänderung aufzufordern."
„Angenommen, ich wäre jetzt an seiner Stelle: Wie würde ich mir wünschen, daß der andere mit mir spricht?"

---

 Produktive Überzeugung

Konzentriere dich auf das Lösen von Problemen statt auf das Kritisieren von Fehlern

---

# Giftige Idee 23

## *Sei kein Egoist –*
## *denk immer zuerst*
## *an die anderen*

*Doris war der Auffassung, daß ein redlicher, anständiger und rück-sichtsvoller Mensch seine eigenen Bedürfnisse nicht über die von ande-ren, insbesondere von ihm nahestehenden Menschen stellt. Sie dachte, daß nur selbstsüchtige Menschen, die sich nicht um die Empfindungen und Wünsche von anderen kümmern, ihre eigenen Ansprüche an die oberste Stelle setzen. Allerdings hatte sie oft das Gefühl, daß ihre Ver-wandten und Freunde sie ausnutzten und sich ihr nicht erkenntlich zeigten. Dies nahm sie ihnen meist übel, ließ sich aber nie etwas an-merken. Viele ihrer Freunde meinten, Doris sei eben eine „kleine Mär-tyrerin".*

## Analyse

Doris war nicht klar, daß es einen himmelweiten Unterschied macht, ob man auf Kosten anderer seine Bedürfnisse befriedigt (Selbstsucht) oder vernünftig auf seine Bedürfnisse achtet, also nicht zu Lasten anderer für sich selber sorgt. Auf lange Sicht ist den eigenen Interessen am besten gedient, wenn man gleicher-maßen das eigene Wohl wie auch den Nutzen der anderen im Auge behält und ihre Bedürfnisse mit berücksichtigt.

Drei Vorgehensweisen sind möglich: 1. Sie denken zuallererst an sich selbst und walzen die anderen nieder, falls Ihr Ziel nicht anders zu erreichen ist. (Wer nach dieser Devise vorgeht, han-delt sich in der Regel handfesten Ärger ein.) 2. Sie denken im-mer zuerst an die anderen. (Diese überzogene Selbstlosigkeit zieht ebenfalls unangenehme Folgen nach sich.) 3. Sie kümmern sich um sich selbst, vergessen dabei aber die anderen nicht; Sie kommen Ihren Verpflichtungen gegenüber anderen nach, sind aber auch bereit, das, was Sie für Ihr gutes Recht halten, geltend zu machen oder zu verteidigen. (Diese Alternative ist eindeutig vorzuziehen.)

Bei Doris schien auch der Gedanke mitzuschwingen, Geben sei besser als Nehmen. Aufgrund dieser falschen Vorstellung benehmen sich viele Menschen äußerst unhöflich, wenn sie etwas von einem anderen annehmen sollen. Oft macht es anderen Freude, Ihnen etwas zu geben oder etwas für Sie zu tun; doch wenn Sie das nur zögernd oder widerwillig annehmen, fühlt sich der Geber unter Umständen zurückgestoßen. Richtiger wäre es also, zum Geben *und* zum Nehmen fähig zu sein, denn keines von beiden ist sittlich höherstehend als das andere.

Unbestreitbar ist, daß ein Leben im Dienste anderer eine gute Sache sein kann. Doch wir möchten betonen, daß Sie *den anderen mehr zu geben haben, wenn Sie auf Ihr eigenes Wohlergehen achten.* Falls Sie sich zu weit selbst erniedrigen, fühlen sich die Menschen, denen Sie entgegenkommen, nur unbehaglich. Manche werden sogar anfangen, Sie wegen Ihrer übersteigerten Selbstlosigkeit zu verachten. Zum Beispiel dachten alle, die Annie kannten, sie sei äußerst liebenswürdig und meine es sicher gut, doch viele fanden ihre Nächstenliebe und Aufopferung überzogen und lästig. Sie war in einem fort für andere tätig, ohne eine Gegenleistung zu erwarten. Jemand, dem Annie sehr geholfen hatte, sagte über sie: „Sie ist eine gute Seele, aber sie geht mir auf die Nerven." Einem anderen ging es ähnlich: „Sie ist ein Engel – ich wünschte, sie würde Flügel kriegen und wegfliegen."

Annie ließ ein beiderseitiges Geben und Nehmen nicht zu. Sie wollte ausschließlich geben und anderen Menschen dienen. Wenn jemand Annie fragte: „Wie kann ich Ihnen das vergelten? Wie kann ich mich erkenntlich zeigen?", antwortete sie stets: „Ich will keinerlei Gegenleistung von Ihnen." Die meisten Menschen mögen es nicht, zur Dankbarkeit genötigt zu werden. Annie könnte zum Beispiel auch sagen: „Sie können der Wohlfahrtseinrichtung, die mir am meisten am Herzen liegt, etwas spenden", oder: „Möchten Sie vielleicht nächste Woche täglich eine Stunde in einer unserer Suppenküchen mithelfen?" Dann würden die meisten Leute mit dem Gefühl der Dankbarkeit weggehen, anstatt aufgebracht und erbost über Annies ach so heiligmäßige Absichten zu sein.

Um die Behauptung zu untermauern, es sei eine Tugend, immer zuerst an die anderen zu denken und die andere Wange hinzuhalten, wird oft ein Satz aus der Bergpredigt zitiert: „Selig die Sanftmütigen, denn sie werden das Land besitzen." Ein hochgeachteter Geistlicher wies uns vor vielen Jahren darauf hin, daß diese Übersetzung ebenso falsch ist wie das gängige Bild von einem „milden und sanften" Jesus. Der Ausdruck „mild und sanft" vermittelt den Eindruck, daß sich einer völlig im Hintergrund hält, schlafende Hunde lieber nicht weckt, ein Hasenfuß ist und Auseinandersetzungen vermeidet, wo es nur geht. Kurzum, es entsteht das Bild eines Menschen ohne Feuer, der andere nicht zu begeistern vermag. Jesus Christus aber, so betonte der Geistliche, wäre besser beschrieben als ein Mann, der nicht zögerte, Heuchelei anzuprangern, und der angesichts von schamloser Ausbeutung oder selbstgefälligem Dogmatismus in heftigen Zorn ausbrechen konnte. Der Geistliche erklärte: „Das beschämend verkehrte Bild von süßlicher Weichheit und gutmütiger Sentimentalität wäre leicht zurechtzurücken, wenn man beim Lesen des Evangeliums seinen Verstand gebrauchte." Er fügte hinzu, daß die korrekte Übersetzung nicht lautet „Die Sanftmütigen werden das Land erben", sondern *Die Weisen sollen das Land besitzen*. Und wer weise ist, der erkennt, daß sich die anderen, wenn er sich zum Fußabtreter macht, schlicht und einfach die Füße an ihm abstreifen werden.

Ist es also, wenn Sam seinen Freunden vorschlägt, zusammen in ein Fischrestaurant zu gehen, egoistisch von Billy, zu sagen, daß er gegen Meeresfrüchte allergisch ist und deshalb lieber woanders essen würde? Wäre er ein besserer Mensch, wenn er sich selbstlos der Gruppe unterordnen und sich mit Brötchen und Butter begnügen würde? Ganz bestimmt nicht!

# Gegenmittel

 ## Sätze zum Entgiften

„Ich kümmere mich um mich selbst und nehme dabei Rücksicht auf andere."

„Wenn ich in vernünftiger Weise meine eigenen Interessen verfolge, bin ich deswegen noch lange kein Egoist."

„Meine eigenen Wünsche und Bedürfnisse sind genauso wichtig wie die jedes anderen."

„Wenn ich die Bedürfnisse der anderen immer über meine eigenen stelle, dann werden letzten Endes beide Seiten das Nachsehen haben."

„Was ich für mein gutes Recht halte, das werde ich notfalls auch verteidigen."

„Am besten ist es, zu geben **und** zu nehmen."

---

 Produktive Überzeugung

Achte auf dein eigenes Wohl genauso wie auf das Wohl
der anderen

# Giftige Idee 24

## Mein Ehepartner
## *muß meine Eltern*
## *und meine Familie lieben*

*Doug war seinen Eltern sehr zugetan und hatte auch zu seinen zwei jüngeren Schwestern ein sehr enges Verhältnis. Als er Betsy heiratete, erwartete er, daß sie seine Familie genauso lieben und verehren würde. Betsy aber mochte ihre beiden Schwägerinnen nicht besonders, weil sie ihr zu egozentrisch und anspruchsvoll vorkamen. Außerdem beunruhigte es sie, daß Dougs Eltern dazu neigten, sich einzumischen. Sie war gegenüber ihren Schwiegerleuten stets höflich, freundlich und liebenswürdig, doch Liebe empfand sie nicht für sie. Doug konnte würdigen, daß Betsy nett und freundlich zu ihnen war; er kam allerdings nicht damit zurecht, daß sie seine Familie nicht innig liebte, und nach einem Jahr waren sie geschieden.*

## Analyse

Sie können einem Menschen nicht diktieren, was er zu fühlen hat. Es wäre geradezu absurd, jemandem vorschreiben zu wollen, was er empfinden soll. Denn unsere Gefühle und Emotionen entspringen komplexen Reaktionen auf viele vergangene und gegenwärtige Situationen und Ereignisse. Ihre Gefühle gehören allein Ihnen, und dies ist eine der großen Freiheiten im Leben, die man Ihnen nicht wegnehmen kann. Wäre es nicht vermessen und selbstzerstörerisch, wenn Sie versuchen würden, dieses Recht auf die eigenen Gefühle dem Menschen abzusprechen, den Sie lieben? Es kann nicht Bedingung einer reifen Ehebeziehung sein, daß der eine Ehepartner die Eltern und Angehörigen des andern lieben muß. Ein Befehl wie „Du mußt meine Mama und meinen Papa gern haben!" widerspricht der Vernunft, ganz gleich, wie sehr Sie es sich wünschen mögen, daß Ihr Ehepartner für Ihre Eltern und Geschwister aufrichtige Liebe empfindet. Wenn Sie versuchen, Ihrem Partner seine Gefühle vorzuschreiben, kann das nicht gut ausgehen.

Heißt das, daß Sie es auf jeden Fall hinnehmen müssen, wenn er Ihre Familie beschimpft oder beleidigt? Selbstverständlich nicht. Es hat zwar keinen Sinn, einem anderen Menschen seine *Gefühle* diktieren zu wollen, aber Sie können durchaus Ihre Wünsche äußern, wie er *handeln* soll. Beispielsweise können Sie ihn zu einem bestimmten Verhalten auffordern: „Sei bitte nett zu meinen Eltern" oder „Ich möchte, daß du meine Eltern gut behandelst." Solche Bitten sind vollkommen zumutbar.

Clive und Barbara gelang es, diesen Ratschlag in der Beziehung zu Barbaras Eltern umzusetzen. Sie liebte sie über alle Maßen, doch Clive konnte seine Schwiegereltern nicht einmal recht leiden. Er wußte, wie sehr seine Frau an ihren Eltern hing, war klug genug, seine ablehnenden Gefühle nie zum Ausdruck zu bringen, und behandelte seine Schwiegereltern stets mit Respekt. Barbara spürte, daß er ihre Eltern nicht sonderlich mochte, doch sie erkannte, daß nicht die *Gefühle* zählten, die er ihnen entgegenbrachte, sondern die Art, wie er mit ihnen *umging*. Natürlich bereichert es eine Ehe, wenn der gesamte Familienverband einander sympathisch ist. Die Liebesbeziehung zwischen Ihnen und Ihrem Partner sollte jedoch nicht davon abhängen, ob er seinen Schwiegerleuten positive Gefühle entgegenbringt. Natürlich können Sie versuchen, ihm dies zu erleichtern, aber verlangen können Sie von ihm nicht mehr, als daß er mit Ihrer Familie gelegentlich zusammenkommt und dabei ein freundliches *Verhalten* an den Tag legt. Vergessen Sie übrigens nicht, daß auch Ihre Eltern und Verwandten etwas dazu beitragen können, bei Ihrem Partner die Einstellung und die positiven Gefühle zu wecken, die Sie sich von ihm wünschen würden. Denn wenn Ihre Verwandten wollen, daß er sie sympathisch findet, müssen sie sich auch entsprechend verhalten!

# Gegenmittel

 *Sätze zum Entgiften*

„An erster Stelle steht für mich die Beziehung zu meinem Ehepartner."
„Wenn jemand etwas empfindet, braucht er sich noch lange nicht entsprechend zu verhalten."
„Ich habe das Recht, meinen Ehepartner freundlich zu bitten, daß er netter zu meinen Eltern und Geschwistern ist."
„Ich liebe zwar meine Eltern und Geschwister, aber mein Partner hat sich für mich entschieden, nicht für sie."
„Ich erkenne an, was mein Ehepartner für meine Verwandten tut, anstatt mich darauf zu konzentrieren, was er nicht für sie tut."

---

 Produktive Überzeugung

Mein Ehepartner sollte meine Verwandten achten, doch lieben muß er sie nicht

---

# Giftige Idee 25

*Je höher die Erwartungen,
um so größer das Engagement*

*Brad war ein rauher, aber herzlicher Feldwebel. Den Soldaten, die er befehligte, war er ein verläßliches Vorbild, und er stellte hohe Erwartungen an sie und an sich selbst. Sein Zug hatte im Golfkrieg wahrscheinlich deshalb weniger Verluste als die meisten anderen zu verzeichnen, weil er seine Männer so gut ausgebildet hatte. Als Brad aber ins Zivilleben zurückkehrte und eine Leitungsposition in einer Fabrik übernahm, geriet er in Schwierigkeiten. Er setzte wie bisher sehr hohe Erwartungen in diejenigen, die ihm unterstanden, doch die Fabrik war etwas anderes als die Armee, und er hatte keine Befehlsgewalt, um den anderen seinen Willen aufzuzwingen. Die Arbeiter empfanden ihn als Belastung und überreichten der Unternehmensleitung eine Unterschriftenliste, in der sie Brads Ablösung forderten.*

## Analyse

Die giftige Idee 25 beleuchtet einen anderen Aspekt als die giftige Idee 7, *Versuche, stets perfekt zu sein*. Dort ging es um Menschen, die von sich verlangen, daß sie objektiven Maßstäben gerecht werden und daß sich ihre Leistung stets auf höchstem Niveau bewegt. Wäre Brad ein Perfektionist gewesen, so hätte er darauf gedrungen, daß die Fabrikarbeiter tadellose Produkte herstellten und die mangelhaften Exemplare noch einmal neu machten.

Brads Problem war jedoch anders gelagert. Hohe Erwartungen müssen sich nicht unbedingt auf die Arbeitsleistung richten. Vielmehr ging es Brad in erster Linie darum, daß die Arbeiter pünktlich anfingen, keine Zeit mit gemeinsamem Kaffeetrinken vertrödelten und die vorgesehenen Essenspausen genau einhielten. Er beschnitt die kleinen Freiräume seiner Untergebenen. Seine Pedanterie zielte also nicht auf makellose Arbeits*ergebnisse*, sondern es waren seine unflexiblen Vorstellungen vom Arbeits*ablauf*, die ihn in Teufels Küche brachten.

Janice *erwartete* von ihrem Mann, daß er sich an ihren Geburtstag, an den Hochzeitstag sowie an die Geburts- und Hochzeitstage ihrer drei Schwestern erinnerte. Robert hatte die *Erwartung* an sich, daß er der Manager seiner Abteilung werden mußte, und machte sich selbst unglücklich, weil es ihm nicht gelang, seinen eigenen hohen Ansprüchen gerecht zu werden. Weil Andy von anderen *erwartete*, daß sie unbedingt pünktlich zu sein hatten, geriet er in Rage, wenn ihn jemand warten ließ. Sally war tief gekränkt, als sie *wider Erwarten* keine Einladung von ihrem Sohn und seiner Frau bekam, die Weihnachtstage bei ihnen zu verbringen.

Je weniger Erwartungen Sie an andere stellen, desto geringer ist die Gefahr, daß Sie sich ärgern müssen und enttäuscht werden. Ein kluger Zeitgenosse sagte einmal: „Ich versuche, keinerlei Erwartungen an andere zu haben. Deshalb bin ich nur selten gekränkt, aufgebracht, enttäuscht oder desillusioniert. Wenn etwas Schönes geschieht, bin ich angenehm überrascht. Ich habe auch gelernt, von mir selbst nicht zuviel zu erwarten."

Das soll nun freilich nicht heißen, daß Sie eine zynische, stumpfe oder gleichgültige Haltung gegenüber dem Leben einnehmen und sich nicht mehr darum scheren sollten, was die anderen tun. Denn es gibt durchaus ethische und moralische Maßstäbe, an deren Einhaltung Ihnen gelegen sein sollte. Problematisch wird es aber dann, wenn Ihre Erwartungen realitätsfremd und Ihre Wünsche überzogen sind. Sie werden zweifellos um so öfter mit Ernüchterung und Unzufriedenheit zu kämpfen haben, je mehr Erwartungen Sie hegen. Und selbst wenn es Ihnen tatsächlich einmal gelingen sollte, jemanden dazu zu zwingen, daß er Ihre unrealistischen Erwartungen erfüllt, geht das wahrscheinlich zu Lasten der Beziehung oder zerstört sie sogar.

Es läßt sich nicht vermeiden, daß Sie von sich und anderen

bestimmte Dinge erwarten. Doch Sie müssen sich fragen, ob manche dieser Erwartungen nicht unrealistisch oder übertrieben sind. Sie tun sich einen großen Gefallen, wenn Sie lernen, solche Ansprüche als töricht zu erkennen und sich von ihnen zu verabschieden, und wenn Sie sich selbst und andere nicht mit unangemessenen Vorstellungen unter Druck setzen. *Wünsche* und *Forderungen* auseinanderzuhalten ist also äußerst wichtig: Es ist nichts dagegen einzuwenden, daß Sie Ihre Wünsche zu erkennen geben, doch sie in Befehle oder Forderungen umzumünzen ist ein schwerer Fehler.

Die Schlüsselfrage ist letzten Endes, ob Ihre Wünsche und Erwartungen in einem vernünftigen Rahmen bleiben. Falls Sie irgendwelche Zweifel daran haben, sollten Sie einen guten Freund bitten, Ihnen ehrlich seine Meinung dazu zu sagen.

# Gegenmittel

 ## *Sätze zum Entgiften*

*„Ich akzeptiere mich so, wie ich bin."*

*„Auch wenn ich an mir selbst arbeiten möchte, stelle ich dabei keine unvernünftigen Forderungen an mich selbst."*

*„Der Erfolg kommt nicht, wenn ich mich ‚zwinge', sondern wenn ich mich ‚lasse'."*

*„Jeder Mensch ist fehlbar, und entsprechend sollte ich mit mir und mit den anderen auch umgehen."*

*„Ich will überprüfen, ob meine Erwartungen an andere angemessen oder aber überzogen sind."*

---

 Produktive Überzeugung

Unser Bestes geben wir dann, wenn wir uns vernünftigen
Erwartungen gegenübersehen

---

# Giftige Idee 26

# Es *ist wichtig,*
## *daß alle mich mögen*

*Dave strengte sich sehr an, es allen recht zu machen. Er glaubte, daß sie ihn dann sympathisch finden und achten würden. Wenn er spürte, daß jemand ihn nicht mochte, wenn ihn jemand kritisierte oder gemein zu ihm war, brachte ihn das buchstäblich um den Schlaf. Er sagte ganz offen: „Ich ertrage es nicht, wenn mich jemand nicht mag!" Es traf ihn tief, als er herausfand, daß sein Spitzname im Büro „der Waschlappen" war.*

## Analyse

Einen „harmlosen Kerl" finden meist alle um ihn herum ganz nett. Warum sollten sie eine so unbedeutende Figur auch nicht mögen, die niemals eine Herausforderung oder Bedrohung für sie darstellen kann? Dave war zwar nicht gerade das, was man „beliebt" nennt, aber er war im Büro allgemein akzeptiert. Falls Sie allerdings klare Standpunkte vertreten, dürften diejenigen, die nicht konform mit Ihnen gehen, weniger gnädig reagieren. Denn wenn Sie Profil entwickeln oder zu so gut wie jedem Thema einen eigenen Standpunkt haben, melden sich unweigerlich die Kritiker zu Wort.

Wenn man es logisch und rational betrachtet, erscheint es selbstverständlich, daß nicht jeder, dem Sie begegnen, Sie nett finden kann. Freilich sind wir nicht immer logisch und rational. Der Wunsch, gemocht zu werden, ist sehr menschlich. Wenn Sie aber Ihr ganzes Leben lang bemüht sind, nur ja niemanden zu verletzen und die Anerkennung und Zuwendung eines jeden zu gewinnen, werden Sie dabei nicht nur scheitern, sondern sich auch selbst fremd werden. Wer sich immer lieb Kind machen will und einen Eiertanz aufführt, weil er hofft, daß ihn dann alle mögen, befindet sich auf dem direkten Weg in ein frustriertes, fassadenhaftes und leeres Dasein. Denn wenn Sie sich ständig so geben, wie die anderen Sie, Ihrer Meinung nach, haben wollen, sind Sie nie Sie selbst. Wer aber sind Sie dann?

Könnten Sie wählen, ob Sie lieber gemocht oder lieber nicht gemocht werden, dann fiele Ihnen die Entscheidung natürlich nicht schwer. Doch wenn Sie, um gemocht zu werden, entscheidende Abstriche an Ihren Wertvorstellungen, Idealen und elementaren Bedürfnissen machen, zahlen Sie einen zu hohen Preis. Ganz abgesehen davon: Der „Jasager" wird von denen, die über ihm stehen, wohl geduldet, aber er rückt selten selbst in eine bedeutende Position auf.

Die psychologische Forschung hat einige der Gründe aufgezeigt, weshalb Menschen einander sympathisch finden und Zuneigung zueinander fassen (zum Beispiel aufgrund von Ähnlichkeiten, aufgrund von Nähe oder wegen gleicher Wertvorstellungen). Bei solchen Entscheidungen geht es nicht immer rational zu. Vielleicht erfahren Sie nie den Grund, warum jemand Sie nicht leiden kann. Es kann sein, daß Sie einfach jemandem ähnlich sind, der in seiner Kindheit gemein zu ihm war. Möglicherweise weiß Ihr Gegner nicht einmal selbst, warum er Sie nicht mag. Hinzu kommt, daß Sie wenig gegen die Dummheit und die Vorurteile von Menschen ausrichten können, deren Abneigung durch Ihr Geschlecht, Ihr Äußeres, Ihre Hautfarbe oder Ihre sexuelle Orientierung motiviert ist.

Falls Ihnen jemand mit gutem Grund ablehnend gegenübersteht – weil Sie ihn geschädigt, gekränkt oder beleidigt haben, ihm in den Rücken gefallen sind oder ihm Leid zugefügt haben –, können Sie überlegen, wie Sie, wenn möglich, Wiedergutmachung leisten können. Speist die Gegnerschaft des anderen sich indes aus Eifersucht, Vorurteilen oder aus einer anderen irrationalen Quelle, müssen Sie die nötige Gleichgültigkeit entwickeln und dürfen sich von seiner Meinung über Sie nicht beirren lassen. Es ist nicht belanglos, ob jemand Sie mag oder nicht, besonders wenn er Ihnen sehr nahesteht oder Güter und Dienste anzubieten hat, die für Ihr Wohlergehen unentbehrlich sind. Doch es ist sinn- und zwecklos, sich innerlich davon abhängig zu machen, daß jedermann Sie schätzt.

Ihr Wert als Mensch hängt nicht davon ab, von wie vielen Menschen Sie gemocht werden!

(Verwandt damit ist die giftige Idee 16, *Behalte deine Gefühle für dich*.)

# Gegenmittel

 *Sätze zum Entgiften*

„Mein Wert als Mensch hängt nicht davon ab, daß mich jeder gut findet."
„Auch wenn ich anderen Menschen keinen Schaden zufüge und sie nicht ausnutze, haben sie das Recht, mich, meine Vorstellungen oder meine Handlungen zu mißbilligen oder unsympathisch zu finden."
„Es kann durchaus erstrebenswert sein, von bestimmten Leuten nicht gemocht zu werden."
„Ich bin bereit, anderen zuliebe etwas zu tun, wenn ich sie nett finde, wenn ich sie liebe oder wenn ich eine konkrete Gegenleistung erwarten kann. Doch ich komme niemandem entgegen, nur um mir seine Zuneigung oder Anerkennung zu erkaufen."
„Was Beziehungen angeht, ist Qualität wichtiger als Quantität."
„Manche Leute können mich wahrscheinlich deswegen nicht leiden, weil sie Probleme mit sich haben, und nicht, weil ich selbst schwierig bin."

 Produktive Überzeugung

Wichtig ist, daß ich mich selbst so mag, wie ich bin

# Giftige Idee 27

 *Wenn du ein Problem
lange genug ignorierst,
löst es sich von allein*

Celia und Fred hatten vor fünf Jahren geheiratet und waren vom ersten Tag an schlecht miteinander ausgekommen. Celia bat Fred inständig, mit ihr zu einer Eheberatung zu gehen, doch er sperrte sich dagegen. „Ich lasse mir doch nicht von jemand anderem sagen, wie es in meiner Ehe zu laufen hat", sagte er. Dieses Paar hatte unter anderem deshalb große Schwierigkeiten, seine Beziehungsprobleme zu lösen, weil Fred, wenn Celia über wichtige Themen reden wollte, gewöhnlich den Raum verließ und das Gespräch verweigerte. Wenn Celia ihn bei der Arbeit anrief, um mit ihm über ihre gemeinsamen Probleme zu sprechen, legte er einfach auf. Auch zu Hause, nach Feierabend, wenn sie eigentlich mehr Zeit gehabt hätten, sich auseinanderzusetzen, lehnte er jedes Gespräch schimpfend ab und sagte: „Darüber will ich nicht reden!" Er machte sich nicht klar, daß er damit jede Verständigung unmöglich machte. Celia mußte sich schließlich eingestehen, daß Fred sich nicht ändern würde, und die Ehe endete mit einer sehr unerfreulichen Scheidung.

## Analyse

Wenn Sie sehr bedrängende Probleme nicht anpacken, sondern einfach auf sich beruhen lassen, ist es wahrscheinlich, daß diese Probleme Ihnen nicht nur weiterhin das Leben schwermachen, sondern sich auch verschärfen. Natürlich ist es oft nicht ganz einfach, zu unterscheiden, ob Sie ein eher unerhebliches Problem vor sich haben, das Ihnen momentan zwar größer erscheint, als es ist, aber wahrscheinlich auf seine eigentliche

Größe schrumpfen (oder ganz verschwinden) wird, wenn Sie es ignorieren, oder ob es sich um ein wirklich bedeutsames Problem handelt, das Ihre Aufmerksamkeit erfordert und gelöst werden muß. Doch wenn es darauf ankommt, sind die meisten Menschen durchaus in der Lage, diese Unterscheidung zu treffen. Viele aber neigen dazu, entscheidende Probleme, die sie besser nicht ignorieren würden, zu vernachlässigen oder zu übertünchen.

Judd kannte seinen Chef Kevin schon seit zehn Jahren, als dieser plötzlich anfing, seine Angestellten zu kontrollieren und ihnen auf die Finger zu schauen. Bislang hatte Kevin sie eher gewähren lassen, doch nun überprüfte er genau, wann sie kamen und wann sie gingen, wie viele private Telefongespräche sie führten, ob sie ihre Urlaubsprivilegien über Gebühr ausnutzten, ob sie sich zu oft krankschreiben ließen oder zu hohe Spesen angaben. In seinem Eifer äußerte er mehrere völlig unbegründete Vorwürfe. Einige seiner Untergebenen fühlten sich zunehmend unter Druck, doch Judd riet ihnen, das Ganze einfach nicht ernst zu nehmen. „Dieser Anfall von Ordnungswahn ist bald vorüber", sagte er. „In weniger als zwei Wochen hat Kevin die Nase voll davon." Judd hatte recht, und nach zwei Wochen war die Sache ausgestanden. Das kleine Problem mit dem Chef war so gut wie verschwunden.

Beinahe zur selben Zeit aber bahnte sich ein größeres Problem an. In der Firma hatte ein neuer Abteilungsleiter namens Jake angefangen, der eindeutig rassistische und sexistische Ansichten vertrat. Jake hielt mit seinen Vorurteilen nicht hinterm Berg, und diejenigen, die unter ihm zu leiden hatten, insbesondere seine Sekretärin, wurden zunehmend deprimiert, wütend und ängstlich. Judd glaubte, man könne in diesem Fall nicht davon ausgehen, daß sich die Sache von allein erledigen würde. Er wartete daher nicht ab, sondern sprach bei der Unternehmensleitung vor. Nachdem Jake auf zwei Warnungen nicht reagiert hatte, wurde er vor die Tür gesetzt.

Wer Probleme lange Zeit vor sich herschiebt oder unangenehme Angelegenheiten überhaupt nie in Angriff nimmt, auf den kommen über kurz oder lang nur noch mehr Schwierigkeiten zu. Fred sagte: „Ich will nicht darüber reden!", sobald Celia ein heikles oder schwieriges Thema ansprach, und damit waren sämtliche Wege versperrt, auf denen sie zu einer Verständigung hätten gelangen können. Die Probleme gärten weiter. Falls man eine günstigere Zeit abwarten und die Auseinandersetzung an einem angenehmeren Ort führen will, ist es durchaus vernünftig zu sagen: „Ich würde lieber später darüber reden." Doch wenn dies nur eine Hinhaltetaktik ist, gewinnt man dadurch nichts.

Hüten Sie sich auch vor falschem positiven Denken. Es hat fatale Folgen, Konflikte unter den Teppich zu kehren und sich einzureden: „Alles wird gut, alles wird gut", ohne die offen zutage liegenden Probleme anzupacken. Wirklich beunruhigende Probleme erledigen sich meistens nicht von allein. Verschenken Sie also nicht die Gelegenheit, eine Lösung zu finden, indem Sie Ihre Schwierigkeiten ignorieren oder sich weigern, über sie zu sprechen. Auf lange Sicht haben Sie weniger Scherereien, wenn Sie Probleme offensiv angehen.

Manchmal empfiehlt es sich, mit den Punkten anzufangen, die Ihnen am leichtesten fallen, und sich dann Schritt für Schritt den schwierigsten zu nähern. Einer unserer Klienten machte sich zum Beispiel die folgende Liste: „In der Küche einen neuen Dichtungsring am Wasserhahn einsetzen; den Flur streichen; Mavis daran erinnern, daß sie mir noch zehn Dollar schuldet; an Chrysler Motors schreiben und mich über den unhöflichen Kundendienstleiter beschweren; einen Zahnarzttermin für die Wurzelbehandlung ausmachen; versuchen, Vater dazu zu bewegen, daß er etwas gegen seine Alkoholprobleme unternimmt."

Falls ein Problem zunächst überwältigend groß erscheint, sollten Sie sich nicht durch Stolz oder Eigensinn daran hindern lassen, fachliche Hilfe zu suchen. Wer sich fortwährend vor einem Problem drückt, den wird es auch fortwährend plagen.

# Gegenmittel

 Sätze zum Entgiften

„Sich aufraffen ist besser als klein beigeben."

„Wenn du einen ernstgemeinten Versuch unternimmst, ein Problem anzupacken, zeigt sich der andere meist kooperativ, und ihr kommt einander näher."

„Nur in oberflächlichen Beziehungen, in denen man sich gegenseitig etwas vormacht, herrscht die ganze Zeit eitel Sonnenschein."

„Je mehr ich mich darin übe, wichtige Probleme anzupacken, desto leichter wird es mir fallen, und um so mehr Erfolg werde ich dabei haben."

„Ein Problem ist erst dann zu lösen, wenn ich mir eingestehe, daß es existiert."

„Wenn ich vor meinen Problemen die Augen verschließe, kann ich sicher sein, daß sie bestehenbleiben oder noch schlimmer werden."

---

 Produktive Überzeugung

Die meisten Probleme erledigen sich nicht von selbst, aber die meisten sind zu lösen

# Giftige Idee 28

## *Wenn du spielst, dann setz auf Sieg*

*Wenn man Bernie und Denise begegnet, einem äußerst konkurrenzfreudigen Ehepaar, erklären sie einem rundheraus, das Wichtigste für sie sei, zu gewinnen, vorwärtszukommen und „die Nummer eins zu sein". Natürlich rivalisieren die beiden auch untereinander. Bei einer Abendgesellschaft beispielsweise versuchen sowohl er als auch sie, im Mittelpunkt der Aufmerksamkeit zu stehen. Ständig rangeln sie miteinander um die Führung, und wenn man die beiden Tennis spielen sieht, könnte man bei jedem Aufschlag schwören, ihr Leben hinge davon ab, ihn für sich zu entscheiden. In Wahrheit sind Bernie und Denise unzufrieden. Immer wieder taucht jemand auf, der sie auf ihrem eigenen Terrain schlagen könnte, und sie leiden sehr unter ihrem Neid auf diejenigen, die über sie triumphieren.*

## Analyse

Der Psychologie-Professor Dr. Ronald Goldstein hält am Bucks County Community College in Pennsylvania Vorlesungen über „Gewinnsüchtige", also über extrem wettbewerbsorientierte Menschen, die vom Gewinnen abhängig sind. Wenn ein Gewinnsüchtiger als zweiter ins Ziel kommt, ist das für ihn, als sei er Letzter geworden. Seine Einstellung ist genau beschrieben mit dem alten Spruch: „Gewinnen ist nicht alles – aber was war nochmal das andere?" Für ihn zerfällt die Welt in Sieger und Verlierer. Eine der schlimmsten Nebenwirkungen seiner Weltsicht ist wohl, daß er es sich nach einem Sieg nicht erlauben kann, sich zurückzulehnen und das Erreichte zu genießen, denn er muß am Ball bleiben, um weiterhin zu siegen. Weil er in allen anderen Menschen Rivalen sieht und ständig um die Führungsposition kämpft, hat er das Vergnügen wirklicher Zusammenarbeit nie kennengelernt. Er verbreitet um sich eine Atmosphäre von Zwietracht, Mißhelligkeit und unbarmherzigem Kampf.

Billy und Joe waren in der High School und im College Kumpels. Joe ging vorzeitig von der Schule ab, während aus Billy ein erfolgreicher Anwalt wurde. „Joe ist ein Verlierertyp", erklärte Billy. Wenn Sie aber diese zwei Männer kennenlernen würden, würde Ihnen sogleich auffallen, daß Joe sich in seiner Haut wohl fühlt, während Billy von Ehrgeiz und Neid verzehrt wird.

Wer nach der Devise „Setz dich durch und gewinne" lebt, der kann weder Vertrauen in andere fassen noch von gemeinsam erarbeiteten Lösungen profitieren. Einen übermäßig ehrgeizigen Zeitgenossen versuchen sich die anderen meistens vom Leibe zu halten. Man muß kein Hellseher sein, um zu erkennen, daß solche Menschen selten vertrauenswürdig sind. In der Regel wirken sie aggressiv und unsicher, so daß man nicht leicht warm mit ihnen wird. Weil der Ehrgeizige bemüht ist, den anderen immer um eine Nasenlänge voraus zu sein, wird er oft feststellen müssen, daß ausgerechnet diejenigen Menschen, an denen ihm etwas liegt, nicht gern mit ihm zusammen sind.

Wenn Sie sich eine Fertigkeit angeeignet haben oder entdekken, daß Sie etwas sehr gut können, dann fühlen Sie sich gut. Vielleicht macht es Ihnen auch großen Spaß, gewissermaßen mit sich selbst zu wetteifern, während Sie versuchen, bestimmte Fertigkeiten weiter auszubauen. Das ist alles schön und gut, wenn Sie es nicht übertreiben. Zufriedenheit aber, die von Dauer ist, gründet nur selten in großen Leistungen und Eroberungen. Sie entspringt vielmehr aus der Wärme und Zuneigung, die durch Gemeinschaftsarbeit und Kooperation entsteht. Oft bringt das Zusammenwirken mit anderen sogar eindeutige Vorteile mit sich. Paul war in der High School bei Projektarbeiten – besonders in Biologie – am liebsten auf sich allein gestellt. Deshalb war er nicht sehr glücklich darüber, daß der Lehrer die Projektarbeiten zu der Unterrichtseinheit über den Frosch von Vierergruppen durchführen ließ. Paul war es lieber, wenn er sich als einzelner hervortun konnte und ausschließlich durch eigene Anstrengung die beste Note bekam. Doch er stellte fest, daß er und seine drei Partner gute Arbeit leisteten, indem sie die Aufgabenbereiche unter sich aufteilten und zugleich gemeinsam an dem Projekt als Ganzem arbeiteten. Ihre Gruppe bekam eine gute Note, und Paul hatte drei neue Freunde gewonnen.

Wir legen Ihnen nahe, sich einmal genau zu überlegen, was eigentlich vor sich geht, wenn Sie Ihre ganze Kraft aufbieten, um die anderen auf die Plätze zu verweisen. Ist es auf lange Sicht wirklich klug, Erfolge zu erringen, indem Sie anderen eine Niederlage bereiten? Im Interesse des einzelnen wie der ganzen Gesellschaft ist es notwendig, das Konkurrenzdenken, aus dem eine Welt von Siegern und Verlierern entsteht, in Frage zu stellen und durch eine kooperative Haltung zu ersetzen, die nur Gewinner kennt. Der Sinn von Konkurrenz und Wettbewerb liegt darin, uns zu Glanzleistungen anzuspornen und die Qualität von Produkten zu steigern. Doch von höherem *menschlichen* Wert ist die Zusammenarbeit, und ihr gebührt deshalb die Goldmedaille.

# Gegenmittel

 *Sätze zum Entgiften*

*„Wenn du nur darauf aus bist zu gewinnen, bleiben deine Beziehungen zu anderen oberflächlich und distanziert."*

*„Die anderen übertrumpfen zu wollen verträgt sich wohl kaum mit echter Liebe und Freundschaft."*

*„Wer unbedingt siegen muß, ist meistens unsicher und hat es nötig, die anderen zu beeindrucken."*

*„Zusammenarbeit ist unendlich viel besser als Konkurrenz."*

*„Wenn man mit und für andere Menschen arbeitet, bringt einen das meistens weiter, als wenn die eigenen Erfolge auf Kosten von anderen gehen."*

## Produktive Überzeugung

Was auch immer du tust – tu es, weil es dir Freude macht, weil du gerne mit anderen zusammenarbeitest und weil es dich innerlich weiterbringt

# Giftige Idee 29

 *Ich und die anderen*
*müssen ganz bestimmten*
*Vorstellungen entsprechen*

*Arlene trieb diese giftige Idee auf die Spitze. Sie sagte gern: „Ein Leben ohne Regeln ist wie ein Schiff ohne Ruder." Ihre Kinder hatten mehr Regeln zu beachten als ein Rekrut bei einer Elitetruppe. An sich selbst stellte Arlene dermaßen viele Anforderungen, daß sie ständig hinter den eigenen Erwartungen zurückblieb, denn es gelang ihr nun einmal nicht, sämtlichen Verpflichtungen gegenüber anderen nachzukommen, immer passend angezogen und pünktlich zu sein, sich stets korrekt auszudrükken, und so weiter. Anders als Kay (siehe giftige Idee 2) ging es ihr aber weniger darum, Macht über andere auszuüben. Sie hatte einfach nur sehr kompromißlose Vorstellungen, wie die Dinge „zu sein haben". Wenn jemand gegen Arlenes Regeln verstieß (was oft vorkam), sagte sie normalerweise nichts dazu, ärgerte sich aber insgeheim und hatte mit Ängsten, Depressionen oder Schuldgefühlen zu kämpfen. Verletzte allerdings eines ihrer Kinder die Regeln, so folgte die Strafe auf dem Fuße.*

## Analyse

Die bekannte Psychiaterin Karen Horney sprach von der „Tyrannei des ‚Du sollst'"; Albert Ellis, der Begründer der rational-emotiven Therapie, hat diesen Gedanken weiterverfolgt und vertieft. Grundsätzlich gilt, daß jemand um so unzufriedener ist, je mehr inneren Zwängen er sich unterwirft. Wer sich von Kommandos wie „Du solltest eigentlich", „Du mußt" oder „Du hättest die Verpflichtung gehabt" leiten läßt, dessen Denken ist unflexibel und dogmatisch, und er ist kaum fähig, zu verhandeln und Kompromisse zu schließen. Wenn man andere oder sich selbst ständig an Geboten und Verboten mißt, löst man damit Abwehrreaktionen und Aggressionen aus und verhindert Aufgeschlossenheit und Aufnahmebereitschaft.

Es geschieht einem nur zu leicht, daß man sich voller Ärger bei dem aufhält, was „hätte sein sollen". Auch Sie werden schon oft Sätze gehört haben wie „Das hättest du doch besser wissen müssen!" oder „Das hättest du nicht sagen dürfen – ich habe eine Stinkwut auf dich!" Wenn Sie in diesem Stil *sich selbst* andauernd vorhalten, was „hätte sein sollen", sind Schuldgefühle die Folge: „Ich hätte mehr Zeit mit meiner Mutter verbringen sollen!" „Ich hätte zu Annie nicht so direkt sein sollen – jetzt fühle ich mich ganz schrecklich!"

Wenn Sie sich dagegen, anstatt zu beklagen, was „hätte sein sollen", auf Ihre Ziele und Wünsche konzentrieren, sieht die Situation gleich ganz anders aus. Dann hat das Herumhacken auf sich selbst und anderen ein Ende, und das Lernen aus Fehlern wird leichter. Sagen Sie also zum Beispiel: „Mir wäre lieber gewesen, du hättest X anstelle von Y getan." „Ich glaube, es wäre besser gewesen, wenn du das nicht gesagt hättest." „Wenn ich so zurückblicke, wünsche ich mir, ich hätte mehr Zeit mit meiner Mutter verbracht." „Es wäre geschickter gewesen, wenn ich nicht so direkt zu Annie gewesen wäre." Weil Formulierungen dieser Art weit weniger gebieterisch klingen, rufen sie keine so starken Abwehrreaktionen hervor und eröffnen Ihnen und den anderen die Möglichkeit, dazuzulernen.

Versuchen Sie sich klarzumachen, daß Sie für inneres Wachstum und konstruktive Veränderungen um so weniger aufgeschlossen sind, je mehr starre Regeln Sie sich selbst und anderen auferlegen. Beobachten Sie, was in Ihrem Alltag vor sich geht, wenn Sie versuchen, Ihr „Eigentlich sollte man ..." anderen Menschen aufzuzwingen oder wenn umgekehrt Ihnen dasselbe widerfährt. Üben Sie, klar Ihre Wünsche und Ihre Mißbilligung zu äußern, statt anderen Ihre Wertvorstellungen aufzudrängen. Seien Sie wachsam gegen sich und achten Sie darauf, wie oft Sie anderen oder sich selbst mit einem „Du hättest sollen", „Du mußt" oder „Du darfst nicht" zusetzen. Ihre Beziehungen werden gewiß an Qualität gewinnen, wenn Sie sich den Stil aneignen, den wir Ihnen empfehlen.

# Gegenmittel

 ## Sätze zum Entgiften

„Verfolge deine Vorstellungen nicht stur und verbissen, sondern flexibel und maßvoll."

„Wir alle brauchen Prinzipien und Leitideen – aber keine Zwangsjakken."

„Wörter wie ‚sollte‘, ‚müßte‘ und ‚hätte doch‘ erzeugen Druck. Vernünftiger und besser für meine Beziehungen ist es, wenn ich sage: ‚Ich wäre froh, wenn …‘, ‚Es wäre mir lieber gewesen, wenn …‘, ‚Ich glaube, es wäre besser, wenn …‘."

„Es ist viel besser, meine Wünsche und Anliegen klar zu äußern, als anderen und mir selbst mit ‚Eigentlich sollte man …‘ zuzusetzen."

---

 Produktive Überzeugung

Sag niemals „Du solltest …" oder „Ich sollte …" – denn wer flexibel ist, lebt zufriedener

---

# Giftige Idee 30

## Wenn mich jemand wirklich liebt, spürt er, was ich brauche

Martha wurde nach einer stürmischen Romanze Harolds Frau, denn „wir hatten anscheinend dieselbe Wellenlänge und waren in allem gleicher Meinung." Doch zu ihrem Verdruß merkte sie, als sie ihn besser kennenlernte, daß er auf einige ihrer weniger offenkundigen Empfindungen nicht „eingestimmt" war. Am schlimmsten für sie war, daß sie ihm sagen mußte, wie er sie sexuell befriedigen konnte. „Wenn er mich wirklich lieben würde", klagte sie, „würde er wissen, was ich brauche. Es ist nicht richtig, daß ich es ihm sagen muß." Martha glaubte, daß Worte in den meisten Situationen überflüssig wären, wenn sie und Harold einander nur aufrichtig genug liebten und wirklich zusammenpassen würden. „Wenn einem jemand wirklich etwas bedeutet, muß man die wesentlichen Dinge intuitiv erfassen können", sagte sie.

## Analyse

Wenn Menschen sich gut verstehen und für die Empfindungen, Ansichten und Vorlieben des anderen sensibel sind, werden sie ihre Beziehungen mit großer Wahrscheinlichkeit als wertvoll und befriedigend erleben. Viele Menschen, die sich nahestehen und einander viel bedeuten, lernen mit der Zeit, die Reaktionen des anderen richtig zu deuten. Aber Sie können von niemandem erwarten, daß er Ihre Gedanken liest. Marthas irrige Grundüberzeugung läßt sich folgendermaßen zusammenfassen: „Er sollte wissen, was ich brauche. Wenn ich ihm auseinanderklauben muß, was ich möchte, taugt unsere Beziehung nichts."

Ganz im Gegenteil sind tiefe Zuneigung und Liebe keineswegs dazu angetan, telepathische Fähigkeiten zu verleihen. Die Gefühle eines anderen Menschen sind nicht die Ihren, ganz gleich, wie tief Ihre Liebe und Ergebenheit sein mögen. Wir Menschen werden nicht wie die Insekten von komplexen instinktgesteuerten Reaktionsmustern beherrscht. Unser Verhalten beruht, einmal abgesehen von einigen elementaren Trieben (wie Hunger und Durst) und Reflexen (wie Saugen, Schlucken, Atmen), auf dem, was wir durch Unterweisung und Erfahrung, an Vorbildern oder durch Versuch und Irrtum lernen. Menschen sind die einzige Spezies, die sich mit Hilfe von Sprache über vielschichtige Gedanken und Gefühle verständigen kann. Deshalb kommen wir auch am besten miteinander aus, wenn wir diese Gedanken und Gefühle klar und unmißverständlich zum Ausdruck bringen!

Einer der schädlichsten Effekte der giftigen Idee 30 besteht darin, daß sie Menschen dazu verleitet, sich selbst in eine Sackgasse zu manövrieren. Diane sagt zum Beispiel: „Wenn Johnny mich wirklich liebt, wird er mich fragen, ob er mich zu Tante Celia fahren soll, sobald sie von ihrer Reise zurück ist." Falls nun Johnny diesen Test nicht besteht, ist das, Dianes Argumentation zufolge, ein „Beweis" dafür, daß er in Wirklichkeit nicht viel für sie empfindet. Diane würde besser daran tun, dieses Spiel nicht zu spielen, sondern ihr Anliegen direkt vorzubringen: „Könntest du mir einen Gefallen tun und mich zu Tante Celia chauffieren?"

Einer der Autoren behandelte kürzlich eine 40jährige Patientin, die in diesem Sinn von ihrem Mann hellseherische Fähigkeiten erwartete und sich beklagte, er liebe sie nicht mehr. In der Therapie kam es zu folgendem Dialog:

Therapeut: *Hat Bill gesagt, daß er Sie nicht mehr liebt?*

Patientin: *Nicht so direkt, aber ich spüre das.*

Therapeut: *Woran merken Sie es? Hat sich sein Verhalten verändert?*

Patientin: *Ich kann Ihnen ein perfektes Beispiel erzählen. Als wir uns heute morgen fertig machten, um zur Arbeit zu gehen, bot Bill*

*mir an, er könne unsere Katze zum Tierarzt fahren. Als ich sagte, das*
*sei nicht nötig, machte er sich davon und überließ es mir, die ganze*
*Sache mit der Katze zu regeln.*

*Therapeut: Was ist dadurch bewiesen? Hatten Sie denn nicht vorher*
*sein Angebot abgelehnt? Sie hatten doch gesagt, daß . . .*

*Patientin: Ja und? Eigentlich wollte ich doch, daß er mir das ab-*
*nimmt. Wenn er mich lieben würde, hätte er das gemerkt.*

In einem ähnlichen Fall war es der Mann, der offenbar auf
die Macht der Telepathie setzte. Als Frank von seiner Frau Joan
gefragt wurde, ob es ihm recht sei, wenn sie Freunde zum
Abendessen einlade, erklärte er: „Ich bin nicht in Stimmung, um
irgend jemanden zu empfangen." Als er später feststellte, daß
sie die Freunde tatsächlich nicht eingeladen hatte, sagte er:
„Wenn du mich wirklich lieben würdest, wäre dir klar gewesen,
daß das nur eine vorübergehende Laune von mir war."

Lohnende, erfüllte Beziehungen können Sie nur aufbauen,
wenn Sie bereit sind, Ihre Bedürfnisse, Vorlieben, Abneigungen
und Wünsche offen und klar zu äußern. Es ist an *Ihnen*, den
anderen Anhaltspunkte zu geben, wie sie am besten mit Ihnen
klarkommen. Sagen Sie deutlich, was Sie wollen, stehen Sie zu
dem, was Sie sagen, und erwarten Sie von niemandem, er könne Ihre Gedanken lesen.

# Gegenmittel

 ## Sätze zum Entgiften

„Wer anderen mit psychologischen Tricks eine Grube gräbt, fällt meistens selbst hinein."

„Niemand kann sich vollkommen auf die Gedanken und Gefühle eines
anderen einstimmen."

„Ich muß klar sagen, was ich will und was ich empfinde; ich kann nicht
voraussetzen, daß irgend jemand meine Gedanken lesen kann."

„Wenn mich jemand sehr gern hat, schließt das nicht aus, daß er mich
ab und zu mißversteht."

„Meine Wünsche und Hoffnungen offen, ehrlich und direkt mitzuteilen ist der beste Weg zu einem liebevollen Umgang miteinander."

„Wenn man jemandem eine Falle stellt, um seine Liebe und Treue auf die Probe zu stellen, wird er das als ein Zeichen von Feindseligkeit betrachten."

---

 Produktive Überzeugung

Gib deine Wünsche offen und klar zu erkennen – das bist du einem Menschen schuldig, der dich wirklich liebt

---

# Giftige Idee 31

## Auf Gemeinheiten
## kann man nur
## mit Empörung reagieren

*Sarah galt als „äußerst empfindlich". Sie war rasch gekränkt, und was andere sagten, traf sie oft tief. Wenn sie sich von jemandem gemein behandelt fühlte, war sie sogleich wütend oder niedergeschlagen. Ihre jüngere Schwester meinte: „Bei Sarah muß man sich sehr in acht nehmen. Sie ist so dünnhäutig, daß die harmlosesten Bemerkungen sie tief verletzen."*

# Analyse

Es ist schwer, auf Kritik, Ablehnung und Mißbilligung nicht empfindlich zu reagieren. Wenn jemand Sie „herunterputzt", sind Sie verletzt, ja vielleicht am Boden zerstört, so wie es bei Sarah oft der Fall ist. Obwohl man Ihnen als Kind wahrscheinlich auch etwas dergleichen gesagt hat wie: „Schläge tun weh, Worte nicht", werden Sie davon höchstwahrscheinlich nicht ganz überzeugt sein. Das ist nur zu verständlich, denn manchmal tun Beleidigungen eben doch sehr weh.

Es ist jedoch ein Irrtum zu glauben, daß Beleidigungen Sie *zwangsläufig* ganz tief treffen müßten. Diese falsche Vorstellung besagt, es sei praktisch *unmöglich*, sich nicht aufzuregen, wenn jemand Sie beschimpft oder „fertigmachen" will, und es verlange fast übermenschliche Stärke, angesichts einer solchen Attacke gelassen und gleichmütig zu bleiben. Manche Leute sagen sogar, es sei ihnen *lieber*, durch eine Beleidigung aus der Fassung zu geraten als ungerührt und gleichgültig zu bleiben. Sie sagen: „Warum sollte ich es mir gefallen lassen, daß andere Leute mich beleidigen?"

Tatsächlich haben Sie in fast jeder Situation, in der Sie das Gefühl haben, beleidigt worden zu sein, die *Möglichkeit*, sich nicht aus dem Gleichgewicht bringen zu lassen. Von einem kultivierten, einfühlsamen, sensiblen und gebildeten Menschen ist kaum zu erwarten, daß er Ihnen gegenüber ausfällig wird. Wenn Sie also das Objekt von Schmähungen sind, können Sie sich als erstes klarmachen, daß der Grund für die Attacke vermutlich in einem Konflikt oder Problem des Sprechers selbst zu suchen ist und nicht in etwas, was Sie gesagt oder getan haben. Schließlich hätte ein intelligenter, selbstsicherer Mensch es nicht nötig, Sie zu demütigen oder zu verspotten.

Anstatt sich durch gefühllose und beleidigende Äußerungen erschüttern zu lassen, können Sie eine neugierige Haltung einnehmen und sich fragen: „Was ist los mit diesem Menschen?" Als Fred seine Frau Myra beschimpfte: „Du hast ein Spatzenhirn, und deine Mutter hat nur Stroh im Kopf!", stellte Myra, anstatt eingeschnappt zu sein oder zur Gegenoffensive überzugehen, ihm ganz einfach die Frage: „Was ist denn mit dir los, was macht dir wirklich zu schaffen?" Auf diese Weise kam sie dem Kern der Sache auf die Spur.

Leider führen manche Leute sich auf wie die Gegner in einem alten Western, die den Feind beim kleinsten Affront zum tödlichen Duell fordern. Solche extremen Reaktionen sind unnötig. Oft ist es ratsamer, Beleidigungen zu ignorieren und sie keiner Antwort zu würdigen. Denn wenn Sie sich aus der Ruhe bringen lassen, geben Sie demjenigen, der Sie beleidigt und bei dem eigentlich das Problem liegt, zuviel Macht über sich.

Gehen Sie, wo immer möglich, Menschen aus dem Weg, die dafür bekannt sind, daß sie andere verbal anrempeln. Falls es sinnvoll erscheint, Zeit und Energie für eine Erwiderung aufzuwenden, sollten Sie Ihr Mißfallen selbstsicher zum Ausdruck bringen, wie Myra das tat. Manchmal können Sie auch Ironie oder Humor einsetzen, um dem verbalen Angriff die Spitze zu nehmen, wie zum Beispiel Olga. Als Joan sie zu ärgern versuchte und sie „eine Landpomeranze" nannte, lächelte Olga nur und sagte: „Wahrscheinlich mag ich deshalb Schweine, Maulesel,

Ziegen und Kühe lieber als manche Menschen." Aber mitunter mag jemand etwas an Ihnen kritisieren, ohne Sie lächerlich machen zu wollen, und dann können Sie vielleicht sogar einen Nutzen daraus ziehen, selbst dann, wenn Sie den Kritiker nicht mögen. Als Harry zu Bud sagte: „Du siehst aus, als wärst du auf dem Weg zu einer Beerdigung", erwiderte Bud lediglich: „Ja, ich glaube tatsächlich, der Anzug und die Krawatte wirken ein bißchen düster." Entscheidend in allen diesen Situationen ist es, daß Sie sich nicht aus der Ruhe bringen lassen, wenn Sie einem verbalen Angriff ausgesetzt sind.

(Verwandt damit ist die giftige Idee 2, *Man fährt besser, wenn man die anderen unter Kontrolle hält.*)

# Gegenmittel

 *Sätze zum Entgiften*

*„Manchmal ist es ganz gesund, ein dickes Fell zu haben und die negativen Äußerungen von anderen nicht persönlich zu nehmen."*

*„Es steht mir frei, Herabsetzungen und Beleidigungen einfach zu ignorieren."*

*„Wer ausfällig und beleidigend wird, hat oft ernstliche Probleme mit sich selbst."*

*„Versuche neugierig zu sein, wenn jemand die Beherrschung verliert, und frage dich: ‚Was macht ihm eigentlich so zu schaffen?'"*

*„Du brauchst dem, was andere über dich sagen, keine Macht über dich zu geben."*

---

 Produktive Überzeugung

Beleidigungen tun mir nur dann weh, wenn ich es zulasse

---

# Giftige Idee 32

## Es *kann nur guttun, hart gegen sich zu sein*

*Keith war recht fair und tolerant, solange es nicht um ihn selbst ging. An sich selbst stellte er viel höhere Anforderungen als an andere. „Ich bin eben sehr streng mit mir", pflegte er zu sagen, doch eigentlich ging er geradezu abscheulich mit sich um. Wenn er zum Beispiel die Verkaufserfolge nicht erreichte, die er sich zum Ziel gesetzt hatte, machte er sich selbst gnadenlos nieder. Anderen gegenüber gab er sich demokratisch und tolerant; stellte er jedoch an sich selbst irgendeine reale oder eingebildete Schwäche fest, so legte er eine totalitäre Intoleranz an den Tag. Diese Einstellung kam offenbar von seiner übermäßig strengen Erziehung, aber auch von dem Gefühl, anderen überlegen zu sein („Das kann ich besser als ihr ..."). Daher erschienen ihm Maßstäbe, die er für seine Kollegen, seine Familie oder seine Freunde als durchaus angemessen betrachtete, im Blick auf sich selbst nicht annähernd streng genug.*

## Analyse

Diese giftige Idee überschneidet sich zum Teil mit den giftigen Ideen 7 (*Versuche, stets perfekt zu sein*) und 25 (*Je höher die Erwartungen, um so größer das Engagement*). Hier jedoch haben wir Menschen wie Keith im Auge, die eindeutig mit zweierlei Maß messen und andere mit Nachsicht behandeln, während sie mit sich selbst äußerst hart umspringen. Eine Frau sagte: „Ich würde mit jemand anderem nie so umgehen, wie ich mit mir selbst umgehe." Sie litt unter einem extremen Selbsthaß, der eine intensive Psychotherapie erforderlich machte. Viel häufiger sind die etwas milderen Fälle: Der Betreffende ist entsetzt, wenn man mit anderen gemein umgeht, kann aber nichts Falsches daran finden, wenn er sich selbst grob und gemein behandelt. Es entgeht ihm, daß die meisten Menschen Intoleranz, Ungeduld, Nörgelei, Sittenrichterei, Ungerechtigkeit oder Vorurteile in jedem Fall mißbilligen, ganz gleich, ob ihnen diese Haltung nun an anderen oder an sich selbst auffällt. „Ich kann es nicht mit ansehen, wenn jemand brutal behandelt wird", sagte ein Mann zu einem Bekannten, der sich andauernd selbst beschimpfte, „und es macht für mich keinen Unterschied, ob du nun zu anderen oder zu dir selbst unfair bist."

Normalerweise bitten wir einen Patienten, der ständig auf sich selbst herumhackt, eine oder zwei Wochen lang sorgfältig darüber Buch zu führen. Wir sagen zu ihm: „Auf diese Weise werden Sie ein ziemlich klares Bild davon bekommen, was Sie sich selbst antun." Manche Patienten aber, die sich selbst ständig in extremer Weise abkanzeln, tragen ihr Notizbuch wochenlang mit sich herum, ohne etwas hineinzuschreiben. Sie sind so sehr an ihr negatives Selbstbild gewöhnt, daß sie an den negativen Aussagen, die sie über sich selbst machen, nichts Ungewöhnliches finden und sie gar nicht recht wahrnehmen.

Ein solcher Patient, der sich selbst ständig demütigt, berichtet uns typischerweise, er habe in den vergangenen ein oder zwei Wochen keine negativen Aussagen über sich gemacht. In den folgenden dreißig Minuten werden wir dann Zeuge, wie er sich mehr als ein dutzendmal selbst abwertet. Wenn wir ihn darauf aufmerksam machen, bekommen wir oft zu hören: „Das sind doch keine negativen Äußerungen – das ist die Realität." Perfektionisten erliegen diesem Irrtum besonders häufig (siehe giftige Idee 7). Sie halten sich beispielsweise für „dumm", weil sie nicht an irgendeine unglaublich hohe Meßlatte herankommen, die sie sich selbst gesetzt haben; sie nennen sich „dick" oder „häßlich", nur weil sie nicht wie ein Mannequin aussehen.

Versuchen Sie darauf zu achten, bei welchen Gelegenheiten Sie sich selbst niedermachen. Tragen Sie ein kleines Notizbuch in der Hosentasche oder Handtasche bei sich, und halten Sie darin sämtliche Situationen, in denen Sie ein negatives Selbstgespräch führen, möglichst sofort fest. Achten Sie auf die Signale, die Sie an sich selbst senden. Vielleicht ertappen Sie sich bei selbstabwertenden Verallgemeinerungen wie „Ich rede doch immer daher wie ein völliger Schwachkopf!", „Alles, was ich anpacke, geht schief!", „Ich bin ein Idiot!" oder „Ich hab's nicht besser verdient!"

Solche Selbstgeißelungen setzen in der Regel negative Emotionen frei und können fatale Folgen haben. Wenn Sie ständig hart und unerbittlich gegen sich selbst sind, ist es an der Zeit, den Druck zu mildern und zu akzeptieren, daß jeder Mensch Fehler macht; hart arbeiten sollten Sie vielmehr daran, mehr Toleranz gegenüber sich selbst zu entwickeln und sich selbst zu akzeptieren. Damit wollen wir nicht sagen, Sie sollten sich von jetzt an einfach hängenlassen. Vermeiden Sie Extreme. Wenn Sie übermäßig streng mit sich umgehen, wenn Sie sich herabsetzen und abwerten, dürfte das jedenfalls zur Folge haben, daß Sie ganz unnötigerweise unglücklich sind. Wir schlagen Ihnen vor, sich einen Satz aus einer alten hebräischen Spruchsammlung einzuprägen: „Wenn ich nicht für mich bin, wer ist für mich?"

# Gegenmittel

 *Sätze zum Entgiften*

*„Ich darf mir selbst und anderen mit Toleranz begegnen."*
*„Ich habe bestimmte Grenzen, die ich akzeptieren, nicht beklagen muß."*
*„Es ist durchaus angebracht, daß ich viel von mir erwarte, doch wenn ich allzu hohe Anforderungen an mich stelle, sind Unzufriedenheit und ein negatives Selbstbild die Folge."*
*„Ständige Selbstkritik und Selbstherabsetzung untergraben die Selbstachtung; Toleranz gegen mich selbst und die Fähigkeit, mich selbst anzunehmen, erhöhen die Selbstachtung."*
*„Ein strenger Umgang mit mir selbst ist nur angebracht, wenn er zu*

konstruktiven Veränderungen führt und zu der Fähigkeit, mich selbst immer besser zu akzeptieren."

„Selbstbejahung bringt mich weiter als Selbstverurteilung."

 **Produktive Überzeugung**

Behandle dich und andere fair

# Giftige Idee 33

## Eine Entschuldigung bringt alles wieder ins rechte Lot

*Seth bestand darauf, daß seine Kinder sich jedesmal, wenn sie sich schlecht benommen hatten, entschuldigen mußten. „Sag, daß es dir leid tut", verlangte er von seinem achtjährigen Sohn, als der einem fünfjährigen Mädchen aus der Nachbarschaft einen Faustschlag in den Bauch versetzt hatte. Seth schickte seinen Sohn zu den Nachbarn, um sich bei ihnen zu entschuldigen, und war äußerst erbost, als die Nachbarn sagten, ein einfaches „Tut mir leid" reiche nicht aus. „Ja, was soll denn der Junge sonst noch tun?" fragte Seth.*

## Analyse

Es kommt verblüffend oft vor, daß jemand ausruft „Ich will eine Entschuldigung hören!" und völlig außer Fassung gerät, wenn der andere sich weigert, die magischen Worte „Es tut mir leid" auszusprechen. Falls man mit seinem Verhalten Anstoß erregt hat, ist es zweifellos sinnvoll, um Verzeihung zu bitten und mit den magischen Worten wenigstens ansatzweise etwas zu bereinigen. Aber viele machen es sich zu einfach und sagen nur immer wieder „Es tut mir leid", ohne das wirklich zu meinen und ohne ihr Verhalten zu ändern. Seth hatte nicht verstanden, daß er seinem Sohn beibringen mußte, die Dinge nicht nur mit *Worten*, sondern auch mit *Taten* wieder zurechtzurücken.

Dee hatte das ebensowenig begriffen. Sie weigerte sich, mit ihrer Schwester Jane ein einziges Wort zu sprechen, bevor diese sich nicht für eine unpassende Bemerkung über Dee entschuldigt hatte. Als Jane schließlich sagte, es tue ihr leid, war Dee zufrieden. Jane hatte verbal Abbitte geleistet, wie Dee es haben wollte. Für alle anderen aber war es offensichtlich, daß Jane nicht meinte, was sie sagte.

Viele Menschen glauben ganz wie Jane und Dee, daß eine Entschuldigung in jedem Fall zu akzeptieren und damit alles erledigt sei. Sie sind ganz erstaunt, wenn sie etwa zu hören bekommen: „Um Entschuldigung bitten ist ja ganz schön – aber was wirst du jetzt und in Zukunft *anders machen*?" Nicht wenige Menschen meinen, sie könnten sich so unmöglich aufführen, wie sie wollen, solange sie nur bereit sind, sich hinterher zu entschuldigen. Sie erkennen nicht, daß es anderen vor allem darum geht, daß sie in Zukunft denselben Fehler nicht noch einmal machen. So wollte ein Mann, der das Geld eines Freundes veruntreut hatte, ihn allen Ernstes mit den Worten abspeisen: „Aber ich habe doch *gesagt*, es tut mir leid!"

Worte sind zunächst einmal nichts weiter als Worte: „Es tut mir furchtbar leid!", „Bitte verzeih mir!", „Ich hatte unrecht!", „Ich bitte dich, mir das nachzusehen!" Falls eine solche Entschuldigung von Herzen kommt und aufrichtig gemeint ist, ist die Sache damit, je nach Schwere des Fehltritts, unter Umständen tatsächlich bereinigt. Doch manche bedenkenlosen Leute scheuen sich nicht, die Hände in gespielter Verzweiflung zu ringen und tiefste Reue zu heucheln. Wenn ein wirklich selbstsicherer Mensch das Gefühl hat, daß man ihm übel mitgespielt hat, wird ihm wohl kaum etwas daran liegen, dem anderen eine womöglich völlig inhaltsleere Entschuldigung abzuverlangen. Vielmehr wird er direkt und mit Bestimmtheit äußern, was er empfindet und *was sich nach seiner Vorstellung von nun an ändern sollte*: „Was kannst du oder was kann ich tun, damit das nicht noch einmal passiert?"

(Verwandt damit ist die giftige Idee 11, *Wenn Freunde oder Verwandte achtlos mit mir umgehen, strafe ich sie mit Schweigen*.)

# Gegenmittel

 ## Sätze zum Entgiften

„Ich habe nichts davon, wenn mich jemand nur pro forma um Entschuldigung bittet."

„Eine Entschuldigung kann dazu beitragen, ein Fehlverhalten zu erklären, aber sie behebt den angerichteten Schaden nicht."

„Entschuldigungen sind nur dann von Nutzen, wenn sie aufrichtig gemeint sind."

„Jemanden dazu zu bringen, daß er sagt ‚Es tut mir so leid', ist leicht. Viel wichtiger ist, ihn darum zu bitten, daß er seinen Fehler korrigiert."

„Eine Entschuldigung ist nur dann von Wert, wenn der Betreffende auch bereit ist, sein Verhalten zu ändern."

---

 ## Produktive Überzeugung

Entschuldigungen sind Worte – wichtiger ist, daß der
Betreffende seinen Fehler wiedergutmacht

---

# Giftige Idee 34

## Wer sich ändern will, muß die Gründe für sein Verhalten verstehen

*Die 56jährige Schriftstellerin Beatrice hatte seit fünfzig Jahren immer wieder die Hilfe von Psychiatern und Psychologen in Anspruch genommen. Mit sechs Jahren ließen ihre Schulleistungen zu wünschen übrig, und die Eltern suchten mit ihr eine Beratungsstelle auf. Mit zehn war sie in psychiatrischer Behandlung, weil die Scheidung ihrer Eltern sie sehr mitgenommen hatte. Als Teenager war sie wegen einer leichten Eßstörung in Psychotherapie. Mit Anfang Zwanzig fing sie wegen einer Liebesenttäuschung eine Therapie an. Später unterzog sie sich neun Jahre lang einer Psychoanalyse, weil sie wegen ihrer beruflichen Laufbahn oft Depressionen hatte. Die Psychotherapie hatte also einen sehr großen Raum in ihrem Leben eingenommen. Doch Beatrice war von der Überzeugung beherrscht, daß sie zu bestimmten entscheidenden Einsichten noch immer nicht vorgedrungen war. Dies war in ihren Augen der Grund dafür, daß sie sich zu viele Sorgen machte, zu hohe Ansprüche an sich selbst stellte, oft niedergeschlagen war, sich zu leicht aufregte und noch immer nicht das Selbstvertrauen hatte, das sie sich wünschte. Sie glaubte, es könne ihr nur dann besser gehen, wenn sie sich selbst noch tiefer durchschauen lernte.*

## Analyse

Zwischen Einsicht und Handeln oder zwischen Selbsterkenntnis und psychischem Gleichgewicht besteht zweifellos kein direkter Zusammenhang. Wie Beatrices Geschichte zeigt, sind sich viele Menschen völlig im klaren über die Gründe für ihre Gefühle und Handlungen und ändern sich trotzdem nicht, ganz gleich, wie hoch ihre Motivation sein mag. Und umgekehrt kommen Menschen, die bereit sind, beharrlich an sich zu arbeiten, von negativen Verhaltensweisen oft los, ohne je deren Ursachen ergründet zu haben. So haben Zehntausende von Collegestudenten ihre Prüfungsangst überwunden, indem sie an einem unkomplizierten Verhaltenstraining teilnahmen, bei dem ihre Vergangenheit kein Thema war.

Damit Sie sich ändern können, müssen Sie sich also nicht erst hunderprozentig durchschaut haben. Sich selbst zu begreifen, ist oft von Nutzen, doch wenn Sie die Ursachen Ihres Fühlens und Handelns erforschen, enthebt Sie das keineswegs der Notwendigkeit, das unerwünschte Verhalten auch zu verändern.

Falls bestimmte Angewohnheiten, Gefühle oder Überzeugungen Ihre Zufriedenheit untergraben, hilft Ihnen der Entschluß, hier und jetzt etwas *anders zu machen*, eher weiter als das Grübeln darüber, was dort und damals schiefgelaufen ist. Denn zu begreifen, warum Sie so sind, wie Sie sind, versetzt Sie nicht automatisch in die Lage, sich auch entsprechend zu verändern. Entscheidend ist, was Sie *tun*. Joann gelangte in ihrer Psychoanalyse zu tiefen und profunden Einsichten, doch die für sie selbst nachteilige Angewohnheit, Gruppensituationen zu vermeiden, vermochte sie trotz allem nicht abzulegen; in einem Selbstsicherheitstraining lernte sie schließlich neue Wege kennen, wie sie inmitten einer Gruppe ruhig und gelöst bleiben konnte. Zu wissen, was man gegen ein Problem unternehmen kann, hilft also oft viel mehr als das Wissen, *warum* oder *wie* das Problem entstanden ist.

# Gegenmittel

 *Sätze zum Entgiften*

*„Wenn man sich darauf konzentriert, wie man sich jetzt und in Zukunft anders verhalten kann, bringt einen das innerlich oft weiter, als wenn man sich mit der Vergangenheit aufhält."*

„Es ist besser, dein Handeln und Denken zu ändern, als es nur zu durchleuchten."

„Persönliche Entwicklung und Veränderung kommen eher durch eine Verhaltenskorrektur in Gang als durch Selbsterkenntnis."

„Einsicht, auch wenn sie noch so tief geht, ist selten notwendig, um eine innere Veränderung auszulösen, und reicht auch meist nicht aus."

„Zu durchschauen, warum etwas geschehen ist oder geschieht, ist im allgemeinen weniger wichtig als zu entdecken, was man tun kann."

„Einsichten zeigen in der Regel dann am meisten Wirkung, wenn sie etwas mit dem Entdecken und Überwinden von giftigen Ideen zu tun haben."

---

 Produktive Überzeugung

Wenn du in deinem Leben etwas ändern willst, handle jetzt; warte nicht, bis du verstanden hast, was früher war

# Giftige Idee 35

 *Fehler muß man verbergen —*
*es kommt darauf an,*
*immer im Recht zu sein*

Victor war Maschinenschlosser im Ruhestand und hielt noch lange nach
Beendigung seines erfolgreichen Berufslebens viel auf Präzision und Ge-
nauigkeit. Er war überzeugt, daß jemand, dem ein Fehler nachgewiesen
wird, immer eine lächerliche Figur abgibt. Für ihn war es ganz gleich,
ob der Irrtum in einer ungenauen Messung, einem unhaltbaren Standpunkt, einer falschen Schlußfolgerung oder einer schlecht begründeten
Meinung bestand. Eine seiner liebsten Redensarten war: „Man darf
das Gesicht nicht verlieren." Nun funktioniert kein Mensch wie eine
Maschine: Victor wußte manchmal durchaus, daß er unrecht hatte,
versuchte aber „das Gesicht zu wahren", indem er so tat, als hätte er
recht. Ihm entging, daß viele es nicht mochten, wenn er auch über
Themen, von denen er sehr wenig wußte, so redete, als wisse er genau
Bescheid, und daß er sich auf diese Weise ihre Zuneigung und Achtung
verscherzte.

## Analyse

Wir alle haben gerne recht. Denn der Mensch empfindet ein
besonderes Vergnügen daran, wenn sich Schlußfolgerungen, zu
denen er gelangt ist, als zutreffend erweisen. Wenn der Lehrer
sagt: „Stimmt!", ist der Schüler stolz und zufrieden. Umgekehrt
kann das Urteil „Das ist falsch – du hast die Prüfung nicht bestanden!" Versagensängste auslösen, die dann weitere Fehler
nach sich ziehen.

Den meisten von uns ist klar, daß Menschen mit dem, was
sie tun, selten hundertprozentig richtig oder hundertprozentig

falsch liegen. Unser gesamtes Gesellschaftssystem aber belohnt das „Rechthaben" – sei es in der Schule, im Berufsleben, in der Politik oder im Sport. Das hat zur Folge, daß viele Menschen von klein auf sorgsam bemüht sind, sich keine Blöße zu geben und ihre Fehler zu vertuschen.

Gordon bekam als Assistenzarzt den Auftrag, vier Patienten Blut abzunehmen und bei ihnen Urintests durchzuführen. Er vergaß, die Patienten um die Urinproben zu bitten, und schrieb, anstatt sein Versäumnis zuzugeben, erfundene Meßwerte auf. Eine Krankenschwester merkte das und unterrichtete den Oberarzt davon. Gordon verlor seine Stelle in der Klinik, und man erstattete offiziell Meldung bei der Gesundheitsbehörde. Hätte er seinen Fehler einfach zugegeben, so hätte er lediglich einen Verweis wegen seiner Vergeßlichkeit erhalten.

Manche Menschen haben solche Angst, man könnte ihnen einen Fehler nachweisen, daß sie lieber untätig bleiben. Sie werden angespannt und ziehen sich ganz in die Defensive zurück. In der High School hatte John aktiv an den Diskussionen in der Klasse teilgenommen und kluge Englischaufsätze geschrieben. In seinem ersten Englischkurs am College jedoch war er wie gelähmt – das heißt, so gut wie unfähig, zu sprechen oder zu schreiben –, weil er Angst hatte, Mitstudenten könnten besser vorbereitet sein und ihm nachweisen, daß er im Irrtum sei.

Es ist unklug, von vornherein den Standpunkt einzunehmen: „Ich habe recht – und du hast unrecht." Auf diese Art werden Sie viele Schlachten gewinnen, wie man so sagt, am Ende aber den Krieg verlieren. Manche Menschen wollen nicht nur immer recht haben, sondern sie geben auch an und sind voller Schadenfreude, wenn sie eine Streitfrage für sich entscheiden konnten. Wer sich so aufführt, gilt meist als „unausstehlich" und verscherzt sich – wie Victor in unserem Beispiel – durch seine Besserwisserei die Sympathie der anderen.

Er erkennt nicht, daß einer, der sich irrt und es zugibt, mehr Klugheit beweist als einer, der recht hat und sich damit brüstet. Wenn ein „unausstehlicher" Mensch Sie bloßstellt, weil Ihnen ein Fehler unterlaufen ist, müssen Sie sich vor Augen halten, daß *er* es ist, mit dem etwas nicht stimmt. Wer derart hartnäckig und unablässig unter Beweis stellen muß, daß er recht hat, um den machen die anderen in aller Regel einen großen Bogen.

Wir haben viele Ehen in die Krise geraten sehen, weil er oder sie unbedingt „recht haben" wollte. Kann ein solcher Rechthaber seinem Ehepartner tatsächlich einmal einen Irrtum nachweisen, so reitet er meistens lange darauf herum – ein Verhalten, das Liebe und Nähe kaum begünstigt. Statt dessen entsteht eine Atmosphäre, die von Rivalitäten und Abwehrkämpfen bestimmt ist, und die zwei entfernen sich immer weiter voneinander, bis es womöglich zum Bruch kommt.

Entscheidend ist die Erkenntnis, daß jeder Mensch fehlbar ist und ihm hin und wieder Irrtümer unterlaufen. Versuchen Sie besser nicht, Patzer zu überspielen, um es so aussehen zu lassen, als hätten Sie recht. Es ist im Gegenteil oft sinnvoll, auf Fehler, die man selbst gemacht hat, ausdrücklich hinzuweisen. Das eröffnet Ihnen nicht nur die Möglichkeit, aus Ihren Fehlern zu lernen, sondern die anderen sehen Sie auch in einem anderen Licht, nämlich als einen Menschen mit Fehlern und Schwächen, und so fassen sie Vertrauen zu Ihnen.

Maud, Sekretärin in einer Anwaltskanzlei, sollte aufgrund von handschriftlichen Notizen, die ihr einer der Anwälte gab, einen Schriftsatz tippen. Aus Versehen ließ sie eine Seite aus. Als sie dies bemerkte, bat sie den Anwalt um Entschuldigung und bat ihn, ihr die Notizen noch einmal zu geben, damit sie die fehlende Seite einfügen und andere Teile, falls nötig, neu tippen konnte. Infolge ihres Fehlers geriet sie in eine etwas peinliche Situation und mußte außerdem zwei Überstunden machen, doch ihr Chef konnte am nächsten Morgen seinem Klienten den vollständigen Schriftsatz präsentieren.

Überlegen Sie, welche Folgen es für Maud, den Anwalt und den Klienten gehabt hätte, wenn sie versucht hätte, ihr Versäumnis zu verheimlichen!

Wenn Sie ehrlich zugeben: „Da habe ich mich leider vertan", „Das weiß ich nicht" oder „Ich hatte unrecht", blamieren Sie sich damit keineswegs, sondern Sie steigen in der Achtung der anderen und stärken deren Vertrauen in Sie. Mit dem Ableugnen oder Vertuschen von Fehlern behindern Sie Ihr inneres Wachstum; Sie kommen persönlich weiter, wenn Sie Ihre Fehler zugeben und aus ihnen lernen.

# Gegenmittel

 *Sätze zum Entgiften*

„Es ist meist unklug, so zu tun, als wüßtest du über etwas Bescheid, wovon du eigentlich wenig Ahnung hast."
„Jeder macht Fehler – wichtig ist, daß man aus ihnen lernt."
„Fehler sind nicht etwa Zeichen von Dummheit oder Schwäche, sondern Gelegenheiten, persönlich zu wachsen."
„Wer rechthaberisch und besserwisserisch auftritt, schreckt die anderen davon ab, seine Freundschaft und Nähe zu suchen."
„Wer seine Fehler unter den Teppich zu kehren versucht und so tut, als wüßte er alles, wirkt letztlich unsicher und nimmt sich die Möglichkeit, etwas dazuzulernen."
„Lieber gelassen und zufrieden als immer im Recht."

---

 Produktive Überzeugung

Niemand ist vollkommen – halte es dir zugute, wenn du recht gehabt hast, und gib zu, wenn du unrecht hast

---

# Giftige Idee 36

## Geh nach deinem Gefühl, dann kann dir nichts passieren

Erika verließ sich stets auf ihr Gefühl. Als Len, ein Kollege und Freund, im Korridor an ihr vorbeiging, ohne sie zu grüßen, war sie gekränkt und zornig, denn ihr Gefühl sagte ihr: Wenn er mich wirklich mögen würde, hätte er mich auch gegrüßt. Tief drinnen wußte sie also, daß Len sie wahrscheinlich nicht leiden konnte und sich nicht für sie interessierte. Warum hätte er sich sonst so verhalten sollen? Hatte sie ihm denn irgend etwas getan, daß er sie so behandelte? Ihrem Gefühl folgend, gelangte Erika zu der Überzeugung, daß Len eben ein Blödmann war und daß sie nichts mehr mit ihm zu tun haben wollte. Als er sie noch am selben Morgen einlud, in der Mittagspause mit ihm in ein Restaurant zu gehen, sagte Erika eingeschnappt: „Dafür kannst du dir eine andere suchen", und ließ ihn einfach stehen.

## Analyse

Im Vergleich zu allen anderen Lebewesen haben Menschen zwar die am höchsten entwickelten Fähigkeiten zu vernünftigem und logischem Denken. Trotzdem verlassen sich viele, wenn sie sich mehrdeutigen Situationen gegenübersehen, nur allzuoft lieber auf ihre rein emotionalen Reaktionen und Ahnungen als auf ihren Verstand, genau wie Erika. Nun sind Ihre gefühlsmäßigen Reaktionen manchmal sicher zutreffend, aber oft genug sind sie es auch nicht. Wenn Sie sich also immer ausschließlich auf Ihr Gefühl verlassen, beschwören Sie damit viele vermeidbare Fehleinschätzungen, überflüssige Konflikte und Mißverständnisse herauf.

Clyde, einer unserer Klienten, geriet in ernstliche finanzielle Schwierigkeiten, weil er sich auf sein Gefühl und seine Intuition verlassen hatte. Als sich ihm nämlich die Gelegenheit bot, an einer Strandpromenade gelegene Immobilien zu kaufen, räumte er dafür sein Sparkonto leer: „Mein Gefühl sagte mir, das sei eine gute Geldanlage." Weil der Immobilienmarkt bald darauf praktisch zusammenbrach, verlor Clyde alles, was er investiert hatte. Hätte er gut informierte Investoren um Rat gefragt, anstatt seinen Instinkten zu vertrauen, so wäre er wahrscheinlich gewarnt worden, daß das Geschäft zu riskant war.

Vernünftige Entscheidungen trifft man mit dem Kopf und nicht mit dem Bauch. Geben Sie also Ihrem Verstand den Vorrang gegenüber Ihren rein gefühlsmäßigen Reaktionen. Suchen Sie, ehe Sie ein Gefühl zur Überzeugung werden lassen, nach vernunftgemäßen Indizien, die Ihre Ahnung stützen. Allzu viele Leute ziehen aus ungefähren Eindrücken gleich sehr weitreichende Schlüsse. Zum Beispiel glaubte Susan bei einer Party bemerkt zu haben, daß Bill sich nicht auf ein Gespräch mit ihr einlassen wollte, und zog daraus den Schluß, er habe das absichtlich getan, um sie wütend zu machen.

Um einen Eindruck oder eine Vermutung zu bestätigen oder zu widerlegen, stehen Ihnen im wesentlichen zwei Informationsquellen zur Verfügung: Zum einen können Sie sich an den Aussagen von anderen, auf deren Meinung Sie viel geben, und zum anderen an Ihren eigenen Erfahrungen orientieren. Hätte sich Erika also an einige vertrauenswürdige Kollegen gewandt und sie gefragt, ob Len tatsächlich böse auf sie sei, dann hätte sie ein paar Anhaltspunkte gewonnen, ob ihr Verdacht zutraf oder nicht. Diese Hinweise wären sogar noch klarer ausgefallen, wenn sie bei Len selbst nachgefragt hätte, um ihre Ahnungen zu überprüfen.

Bevor Sie Ihre Ahnungen und Eindrücke unreflektiert für die Wahrheit halten, sollten Sie sich erst nach klaren Indizien dafür umsehen, ob Sie mit Ihrem Gespür tatsächlich richtig liegen oder nicht. Kurzum, forschen Sie nach Fakten, anstatt sich zu voreiligen Schlüsse hinreißen zu lassen. (Siehe auch giftige

Idee 17, Mit deinem ersten Eindruck von einem Menschen liegst du immer richtig.)

# Gegenmittel

 ## Sätze zum Entgiften

„Wenn ich etwas vermute oder im Gefühl habe, muß es deshalb noch lange nicht tatsächlich so sein."

„Selbst starke Ahnungen können weit an der Wahrheit vorbeigehen."

„Besser nach Tatsachen Ausschau halten als voreilige Schlüsse ziehen."

„Versuche dich eher nach dem zu richten, was dir die Vernunft sagt, als nach deinen rein gefühlsmäßigen Reaktionen."

„Bis zu einem gewissen Grad kannst du deinem Gespür trauen, doch besser ist es, die Fakten genau zu prüfen."

„Es ist unklug, wichtige Entscheidungen nur aus dem Bauch heraus zu treffen."

„Vergiß in einer unklaren Situation nicht, daß die Vernunft im Kopf sitzt, nicht im Bauch."

---

 ### Produktive Überzeugung

Dein Gefühl kann dich in die Irre führen – suche nach soliden Anhaltspunkten, bevor du handelst

# Giftige Idee 37

## Das Leben sollte gerecht sein

Morris war ein ehrlicher, anständiger und fleißiger Mann. Er war in dem Glauben erzogen worden, daß Menschen wie er ihren gerechten Lohn empfangen – dafür, daß sie sich um ihre Mitmenschen kümmern, hart arbeiten, sich nichts zuschulden kommen lassen, beten, andere gerecht behandeln, Gewalt verabscheuen, Geld für wohltätige Zwecke spenden, nicht über andere tratschen, sich gut benehmen, viele und gute Bücher lesen, sich gegen Vorurteile und Diskriminierung wenden und bestrebt sind, anderen Menschen unvoreingenommen zu begegnen. Wer so tugendhaft und redlich ist – so hatte man es Morris beigebracht –, der bringt es im Leben auch zu etwas und ist erfolgreich und zufrieden. Dazu wollte aber nicht passen, daß Simon, der Chef von Morris, ein übellauniger, gemeiner, unaufrichtiger, grober, intriganter Zeitgenosse, dem andere Menschen gleichgültig waren, große Gewinne und Erfolge zu verzeichnen hatte. Er schien viel mehr vom Leben zu haben als Morris, der klagte: „Warum ist das Leben so ungerecht?"

## Analyse

Es wäre wunderbar, in einer Welt zu leben, die Haß, Engstirnigkeit, Gewalt und Ausbeutung nicht kennen würde, in der die Menschen gar nicht fähig wären zu Vergewaltigung, Raub, Mord, sinnloser Aggression oder Unehrlichkeit und in der die Gerechtigkeit, nach der Morris sich sehnte, überall den Ton angeben würde. Im wirklichen Leben aber geht es oft ganz willkürlich zu, so daß Menschen wie Simon alles nur so zufliegt, während vielen guten, liebenswürdigen, anständigen, sanften und liebevollen Menschen schreckliche Dinge zustoßen. Kurzum, das Leben ist alles andere als gerecht. Vieles von dem, was geschieht, ist sogar ausgesprochen und zutiefst ungerecht.

Es deutet einiges darauf hin, daß einem Menschen ohne Moral, ganz gleich, wieviel Ruhm, Reichtum oder Macht ihm zufällt, jene wahre Zufriedenheit verschlossen bleibt, die dem ehrlichen Menschen zu eigen ist. Wenn dem tatsächlich *immer* so wäre, könnten wir beruhigt sein. Doch nur allzuoft geht es einem verachtenswerten Menschen in jeder, auch in gesundheitlicher Hinsicht glänzend, während der Edelmütige erbärmlich zu leiden hat.

Viele finden natürlich Trost in dem Glauben, daß der Böse und Lasterhafte im Jenseits seine Strafe finden wird. Vielleicht ist das so, vielleicht aber auch nicht.

Wer sich restlos darüber im klaren ist, daß es im Leben nun einmal ungerecht zugeht, der vertut seine Zeit nicht mit Jammern und Klagen über Ungerechtigkeiten. Er flüchtet sich nicht in die Traumwelten von Romanen oder Fernsehserien, in den Alkohol und andere bewußtseinsverändernde Drogen oder in abgehobene Betrachtungen über den Sinn des Lebens. Statt dessen faßt er den gesunden und realitätsgerechten Entschluß, das Beste aus seinem Leben zu machen und es voll und ganz auszukosten. Tapfer versucht er, etwas gegen Ungerechtigkeiten zu *tun*, soweit es in seiner Macht steht, etwas daran zu ändern. Wenn er Zeuge eines Unrechts wird, bemüht er sich mit ganzer Kraft, auf irgendeine Weise für Abhilfe zu sorgen.

Der berühmte Cartoonzeichner John Callahan ist infolge eines Autounfalls am ganzen Körper gelähmt, und ihm wäre kein Vorwurf zu machen, wenn er für den Rest des Lebens in Selbstmitleid versinken würde und untätig bliebe. Nachdem er aber mehrere Jahre gegen eine Alkoholabhängigkeit angekämpft hatte, fing er an, mit der einen Hand, die er gerade noch ein wenig bewegen konnte, großartige, äußerst komische und bissige Cartoons über Behinderte zu zeichnen. Er hatte außerordentlichen Erfolg damit und begeistert Menschen in der ganzen Welt, die mit ähnlichen Leiden geschlagen sind.

Wir können mit den Ungerechtigkeiten des Lebens nicht alle in derselben Weise oder mit demselben Erfolg fertigwerden. Doch es ist sicher besser, ein produktives Leben zu führen und sich mit dem Unausweichlichen abzufinden, als zu jammern und sich zu verkriechen.

Diese realitätsgerechte Einstellung können Sie auch Ihren Kindern vermitteln. Machen Sie ihnen nicht vor, Gerechtigkeit und Barmherzigkeit würden stets triumphieren, das Gute siege immer über das Böse oder es gehe im Leben stets gerecht zu. Fördern Sie statt dessen ihren Sinn für Fair play, Rechtschaffenheit, Anstand, Freundlichkeit, Treue und Mitgefühl.

Wann immer Sie merken, daß Sie sich wegen erlittener Ungerechtigkeiten selbst bemitleiden, sollten Sie sich fragen: „Und was tue ich dagegen?" Veränderung tut not: Entweder Sie arbeiten an Ihrem Verhalten oder an dem Bild, das Sie von Ihrer momentanen Situation haben – oder an beidem.

# Gegenmittel

 *Sätze zum Entgiften*

*„In Märchen siegt am Ende die Gerechtigkeit oft auf der ganzen Linie, im Leben aber kommt das nur ab und zu vor."*

*„Daß es im Leben oft ungerecht zugeht, ist schlimm genug. Warum alles noch schlimmer machen, indem du das Unmögliche verlangst und auf vollkommener Gerechtigkeit bestehst?"*

*„Der Ungerechtigkeit entrinnst du nicht – aber du kannst dir aussuchen, ob du dich darüber grämen willst oder nicht."*

*„Sich nach Gerechtigkeit zu sehnen ist menschlich, doch sie zu fordern, bringt einem meist nur Enttäuschung und Verzweiflung ein."*

*„Meine Gerechtigkeitsliebe zwingt mich nicht dazu, nach jeder Ungerechtigkeit, die mir widerfährt, in Kummer zu versinken."*

*„Ich muß es nicht gutheißen, daß das Leben ungerecht ist, aber ich brauche deswegen auch nicht verbittert und entmutigt zu sein."*

## Produktive Überzeugung

Das Leben ist nicht gerecht, aber ich kann etwas tun, um das Gute zu stärken

# Giftige Idee 38

 *Glücklich verheiratete Menschen haben keine sexuellen Gefühle für irgend jemanden sonst*

Claire war völlig aus der Fassung. Sie war seit etwas mehr als zwei Jahren verheiratet, und sie und ihr Mann waren zu einer Party gegangen, bei der sie mit John tanzte, einem charmanten und attraktiven unverheirateten Mann. Zu ihrem Kummer stellte Claire fest, daß sie „alles andere als Widerwillen" empfand, als John ihr einen freundschaftlichen Kuß gab. „Ich liebe meinen Mann sehr", erklärte sie. „Wir haben so vieles gemeinsam, im Bett verstehen wir uns großartig, und ich bekomme von ihm alles, was ich an Befriedigung brauche." Wegen ihres Erlebnisses bei der Party begann sie, an ihren Gefühlen für ihren Mann und an der Tragfähigkeit ihrer Ehe zu zweifeln. Ihre Mutter, dessen war sie sicher, hatte niemals auch nur ein flüchtiges Verlangen nach irgend jemandem außer Claires Vater verspürt. Sie sah also ihre Ehe gefährdet, nur weil ihr John erotisch anziehend erschienen war. Denn Claire glaubte, daß die Empfindungen von Menschen, die einander wirklich lieben, in dem Titel eines alten Liedes sehr treffend beschrieben seien: „I Only Have Eyes For You."

## Analyse

Einige Vogel- und andere Tierarten sind aufgrund ihrer Instinkte monogam; die Paare bleiben auf Dauer zusammen, und die Partner können ohne einander nicht überleben. Manche Menschen befürworten entschieden eine solche Treue, in unseren Genen aber ist keine derartige Ausschließlichkeit festgeschrieben. Selbst wenn sie eine glückliche Ehe führen, sind Männer wie Frauen in der Lage, auf die körperliche und erotische Attraktivität von anderen Menschen anzusprechen und sich den dadurch ausgelösten Gedanken und Gefühlen hinzugeben.

Mit der giftigen Idee 38 verwandt ist die romantische Vorstellung, es gebe einen ganz bestimmten Menschen – die Traumfrau oder den Märchenprinz –, mit dem Sie ein Leben voller Glückseligkeit erwartet, falls Sie ihn nur finden. Der Mythos besagt, daß zwei solcherart füreinander bestimmte Menschen sich, sobald sie ein Paar werden, so tief und innig zugetan sind, daß der Rest der Menschheit für sie keinerlei erotische Anziehungskraft mehr besitzt. Zweifeln Sie daran, daß es heutzutage noch Leute geben könnte, die solche absurden Vorstellungen hegen? Dann würden wir Sie am liebsten mit einigen der Menschen bekanntmachen, die uns um Hilfe bitten, weil sie ihre Eifersucht und Unsicherheit überwinden möchten.

„Stimmt denn mit mir irgend etwas nicht?" wollte Sandra wissen. „Wenn ich einen attraktiven Typ sehe, ziehe ich ihn im Geiste aus und frage mich, wie er wohl im Bett ist." (Wir wollen einmal annehmen, daß Sie *nicht* der Meinung sind, solche Phantasien seien ausschließlich Männern vorbehalten.) Der Therapeut wies Sandra darauf hin, daß sie mit höchst unliebsamen Folgen zu rechnen hätte, falls sie ihre Tagträume auslebte; ihre feste Beziehung würde Schaden nehmen, und das Risiko sei hoch, daß sie sich mit einer Geschlechtskrankheit infiziere. „Du lieber Himmel!" sagte sie. „Ich denke dran, ja, aber weiter würde ich doch nie gehen. Ich habe keineswegs vor, meinen Freund zu betrügen." „Nun, dann amüsieren Sie sich gut", empfahl ihr der Therapeut.

Sandras Empfinden und Verhalten waren vollkommen normal. Wir können uns erotischen Phantasien hingeben, ohne sie deswegen in die Tat umsetzen zu müssen, und die meisten Menschen haben und genießen sie, selbst wenn sie die beste Ehe führen oder in einer festen Beziehung leben. (Wer keine solchen Phantasien hat, ist aber keineswegs abnormal!)

# Gegenmittel

 *Sätze zum Entgiften*

„Es ist ganz normal, wenn viele Menschen auf mich erotisch anziehend wirken."

„Wir können es nicht willentlich steuern, zu wem wir uns hingezogen fühlen oder zu welchem Zeitpunkt das geschieht."

„Unser Handeln können wir leichter steuern als unsere Gefühle."

„Es ist ganz normal, wenn ich außer meinem Partner noch andere Menschen erotisch anziehend finde."

„Mir in der Phantasie verschiedene erotische Situationen auszumalen kann meinem Sexualleben Würze geben."

---

 Produktive Überzeugung

Es ist ganz normal, sich von anderen Menschen sexuell angezogen zu fühlen; solchen Gefühlen immer nachzugeben kann allerdings unliebsame Folgen haben

---

# Giftige Idee 39

## Worte sind bindend; ein Versprechen darf man nicht brechen

Leon hatte eine Lebensmittelvergiftung und tat die ganze Nacht kein Auge zu, denn er mußte sich immer wieder übergeben, ihn fröstelte, und er hatte Bauchschmerzen. Am Morgen fühlte er sich ein wenig besser, aber noch immer hundeelend. Trotzdem traf er um halb neun vor dem neuen Haus seines Freundes Jake ein, um beim Ausladen der Möbel aus dem Miettransporter mitzuhelfen. Nach einer halben Stunde brach Leon zusammen und landete mit hohem Fieber und einer bereits bedenklich weit fortgeschrittenen Austrocknung auf der Unfallstation des örtlichen Krankenhauses. Seine Genesung nahm eine ganze Woche in Anspruch. Als man ihn fragte, warum er denn nicht Jake angerufen und ihm gesagt hatte, daß er zu krank zum Möbelschleppen war, erwiderte Leon: „Ich hatte ihm mein Wort gegeben, daß ich an dem Morgen da bin, ganz egal, was passiert."

## Analyse

Man bringt Menschen, die halten, was sie versprochen haben, und auf deren Wort man bauen kann, Anerkennung und Achtung entgegen. „Auf Charles ist Verlaß. Wenn er dir etwas verspricht, kannst du darauf zählen." Wenn aber Charles, ganz wie Leon, lieber seine Gesundheit aufs Spiel setzt, als ein Versprechen zurückzunehmen, dürfte sein Urteilsvermögen ernstlich getrübt sein. Leons Verhalten wirkt sogar dermaßen stur, daß man mit einigem Recht nicht nur an seinem Urteilsvermögen, sondern auch an seiner Intelligenz zweifeln könnte.

Vielleicht fragen Sie sich, ob es denn wirklich Leute gibt, die so unflexibel oder gar beschränkt wie Leon vorgehen. Wir hatten aber schon mit vielen Patienten zu tun, die eine ganz ähnliche Sturheit an den Tag legten. Nick brachte es sogar fertig, trotz ernstlicher Bedenken seine Hochzeit durchzuziehen: „Ich hatte doch mein Wort gegeben!"

Wenn ein Kind sagt: „Versprich mir, daß wir am Sonntag in den Zoo gehen, ganz gleich, was geschieht", wird ein kluger Erwachsener sich niemals vorbehaltlos darauf einlassen. Ein vernunftgemäßes Versprechen wäre, daß Sie Ihr Äußerstes tun und Ihre Zusage erfüllen werden, falls nicht unvorhergesehene Hindernisse Ihnen das unmöglich machen. Kinder sollten so früh wie möglich lernen (und Erwachsene sollten sich das immer wieder klarmachen), daß ein rückhaltloses Versprechen wirklichkeitsfremd, unklug und unannehmbar ist. Falls Sie also doch versprochen haben sollten: „Egal, was geschieht – wir gehen morgen in den Zoo", sich dann aber eine Lebensmittelvergiftung zuziehen oder ein Bein brechen, werden Ihre Kinder begreifen müssen, daß Sie unter bestimmten Umständen das Recht haben, Ihr Versprechen zurückzunehmen.

Denken Sie, ehe Sie jemandem Ihr Wort geben, sehr sorgfältig nach, worauf Sie sich einlassen. Es ist unklug zu sagen: „Ganz gleich, was geschieht – ich verspreche hoch und heilig, XYZ zu tun." Formulieren Sie Ihr Versprechen statt dessen realitätsgerecht: „Ich gebe dir mein Wort und verspreche feierlich, daß ich XYZ tun werde, *außer wenn* Umstand A oder B oder C mich daran hindert."

# Gegenmittel

 ## Sätze zum Entgiften

*„Laß dich nicht auf leichtfertige Versprechen ein, sondern denke daran, daß uns manchmal unausweichliche oder unvorhergesehene Umstände zwingen können, unser Wort zu brechen."*
*„Ein rückhaltloses Versprechen ist eine große Torheit."*

„Halte, was du versprochen hast – außer wenn es gefährlich oder dumm wäre, zu deinem Wort zu stehen."

„Wenn jemand aus einem triftigen Grund sein Wort bricht, solltest du Verständnis zeigen und ihn nicht dafür verurteilen."

„Denk daran, daß jemand, der nur 5 bis 10 Prozent seiner Versprechen nicht hält, in 90 bis 95 Prozent der Fälle verläßlich ist."

 Produktive Überzeugung

Halte Wort, sofern dich nicht schwerwiegende, unvorhergesehene Umstände daran hindern

# Giftige Idee 40

## Entbehrung
## und harte Arbeit
## festigen den Charakter

Hank und Betty stammten aus armen Verhältnissen und hatten viele Jahre kämpfen müssen, um über die Runden zu kommen. Hank war nach der Geburt weggegeben worden und bei Pflegeeltern aufgewachsen, die ihn mißhandelt hatten. Betty war eines von sechs Kindern und mußte von der Schule abgehen, um zur Unterstützung ihrer jüngeren Geschwister beizutragen. Mittlerweile waren die beiden finanziell sehr gut gestellt, ihre zwei Kinder aber erzogen sie nach dem Grundsatz: „Wer keine Opfer bringt, aus dem wird nichts." Die Kinder mußten, um sich die Liebe und Anerkennung ihrer Eltern zu verdienen, von der Schule glatte Einsen nach Hause bringen und überdies in ihrer Freizeit jobben. Hank und Betty achteten darauf, daß ihre Kinder nicht verwöhnt wurden, „gesunde" Wertvorstellungen hatten, vom elterlichen Arbeitsethos durchdrungen wurden und begriffen: „Ohne Fleiß kein Preis." Dieses Ehepaar hätte seinen Kindern das Leben also viel leichter machen können. Doch Hank und Betty wollten, daß die hohe Selbstachtung, die nach ihrer Ansicht nur aus großen Opfern entstehen konnte, auch ihrem Nachwuchs zuteil wurde.

## Analyse

Glauben auch Sie, daß man erst leiden muß, ehe man sein Leben genießen darf? Dann werfen Sie einmal einen Blick auf sich selbst und alle die anderen Menschen in Ihrer Umgebung, die von dieser unerbittlichen Lebenseinstellung angetrieben werden, und überlegen Sie, ob das Resultat tatsächlich Zufriedenheit ist. Zwar arbeitet manch einer auch deshalb hart, weil er sich leidenschaftlich für seine Aufgabe engagiert, doch kaum jemand hat etwas davon, unter seiner Arbeit zu *leiden*. Das Leben ist schwer genug – es gibt keinen Grund, Widrigkeiten und Not als etwas Erstrebenswertes anzusehen. Haben wir aus den Romanen von Charles Dickens denn nichts gelernt?

Viele verbitterte und selbstsüchtige Menschen, die verächtlich auf andere herabschauen, haben ihr ganzes Leben lang zu leiden gehabt und mußten Opfer bringen, während viele warmherzige, menschenfreundliche, rücksichtsvolle und großzügige Menschen weder große Schicksalsschläge zu verwinden hatten noch jemals hart arbeiten mußten. Zwar lernt man aus Entbehrungen und Notlagen oft einiges, wächst an ihnen und sieht die Dinge danach aus einem anderen Blickwinkel, aber zur Charakterbildung ist Leiden weder notwendig noch wünschenswert.

In einem Punkt indes hatten Hank und Betty recht: Man sollte Kinder nicht dadurch verziehen, daß man ihnen bedingungslos sämtliche Wünsche erfüllt. Harte Arbeit ist keine Gewähr dafür, daß die Persönlichkeitsentwicklung positiv verläuft, aber sie kann Kindern eine Hilfe sein, Verantwortungsbewußtsein, moralische Integrität und Fairneß zu lernen und ihre Fähigkeiten und Möglichkeiten zu erkunden. Glückliche, gesunde Kinder kommen von selbst darauf, daß Arbeit wertvolle Früchte tragen und ihnen das Gefühl der Eigenständigkeit geben kann, weil sie damit unabhängiger von den anderen werden. Wenn man aber von einem Kind verlangt, daß es sich einzig und allein um der „Charakterbildung" willen abplagt, erzeugt man bei ihm wahrscheinlich nur Groll, Widerstand und Gefühllosigkeit.

Einen günstigen Einfluß auf die Persönlichkeitsentwicklung üben dagegen gute Vorbilder aus (zum Beispiel Eltern, Freunde, Lehrer, Nachbarn, Ärzte, Schulbusfahrer). Sie bestärken das Kind in seinen wünschenswerten Eigenschaften und rücken seine weniger erwünschten Verhaltensweisen in konstruktiver Weise zurecht.

Ein Mensch von „gutem Charakter" hat klare ethische Grundsätze, handelt verantwortungsbewußt, ist mitfühlend, verläßlich, aufrichtig, ehrlich, pflichtbewußt, offen für seine Mitmenschen, großzügig, menschenfreundlich, tolerant, nachsichtig und vertrauenswürdig. Tragen Not und Mühsal in irgendeiner Weise dazu bei, diese Charakterzüge zu bilden? Keineswegs! Vielmehr neigen Menschen, denen übergroßes oder sinnloses Leid widerfährt, eher zur Verbitterung als andere. Ein Kollege von uns, der seit vielen Jahren im Strafvollzug arbeitet, ist zahlreichen Gesetzesbrechern begegnet, die ihre Taten mit ihrem harten Schicksal entschuldigten, das ihnen das Recht gäbe, zu rauben, zu vergewaltigen oder sogar zu töten.

Ein schlagendes Beispiel dafür, daß Mühsal und Entbehrung im allgemeinen weder die Charakterfestigkeit fördern noch sich in irgendeiner anderen Weise „auszahlen", bietet Julian, ein 30jähriger Steuerberater. Er trieb die Devise „Je mehr du dich abrackerst, um so besser" auf die Spitze und arbeitete neben seiner Ganztagsstelle noch schwarz. Wenn der Abgabetermin für Einkommensteuererklärungen bevorstand, brüstete er sich damit, daß er mindestens achtzehn Stunden täglich arbeitete. An einem derart langen Arbeitstag kam er sich ganz besonders achtbar vor, und er prahlte, daß er wahrscheinlich mehr Geld als jeder andere Steuerberater seines Alters im ganzen Land verdiente.

Als ihm sein Arbeitsprogramm einmal ausnahmsweise eine Pause erlaubte, nahm Julian die Einladung seiner Familie zu einem gemeinsamen Picknick an. Es waren auch mehrere junge Leute dabei – Freunde seiner Schwester und seines älteren Bruders –, von denen er einen sagen hörte: „Man könnte glauben, Julian wäre ein Marsmensch zu Besuch auf der Erde." Julian war seit Jahren nicht mehr im Kino gewesen und konnte weder über Theater, Sport, Fernsehen noch über aktuelle Ereignisse mitreden. Seit dem College hatte er kein Rendezvous mehr gehabt, doch er konnte sich endlos und beredt über Steuergesetze und Steueroasen, über Anlagemöglichkeiten wie Aktien, Pfandbriefe und Immobilien und ähnliches verbreiten.

Das dicke Ende kam, als Julian seine Stelle verlor, weil er Gelder unterschlagen hatte. Er versuchte sein Vergehen damit zu rechtfertigen, daß er härter als irgend jemand sonst in der

Firma gearbeitet und deshalb sogar ein Anrecht auf eine zusätzliche Belohnung habe. Die harte Arbeit hatte offenbar wenig dazu beigetragen, Julian zu einem Mann von Charakter zu formen!

Julians Geschichte mag ein Extremfall sein, doch sie unterstreicht noch einmal das, was wir Ihnen in diesem Buch immer wieder nahegelegt haben: Suchen Sie nach dem goldenen Mittelweg, hüten Sie sich vor simplem Entweder-Oder-Denken, und gehen Sie Extremen jeder Art aus dem Weg.

# Gegenmittel

 *Sätze zum Entgiften*

*„Das Leben hält genügend Widrigkeiten für mich bereit; mir absichtlich noch weitere Mühsal aufzuladen wäre eine Dummheit."*

*„Das Leben ist schon hart genug — warum es noch schwerer machen?"*

*„Wer viel durchmacht, wird dadurch nicht unbedingt zu einem edleren Menschen als jemand, der Spaß und Freude am Leben hat."*

*„Leid und Mühsal können einem helfen, gute Bewältigungsstrategien zu entwickeln, aber man wird dadurch nicht automatisch ein anständiger und rechtschaffener Mensch."*

*„Es hat wenig Nutzen, ohne triftigen Grund Entbehrungen und Opfer auf sich zu nehmen."*

---

 Produktive Überzeugung

Gute Vorbilder und Rücksicht auf andere bilden den Charakter

---

# Nachwort

Wir haben Ihnen die vierzig giftigen Ideen vorgestellt, denen wir während der letzten Jahre in der therapeutischen Praxis am häufigsten begegnet sind. Sie können dieses handliche Buch bei sich tragen und es, wenn nötig, zwischendurch als Gedächtnisstütze nutzen und rasch etwas darin nachschlagen.

Natürlich gibt es noch weitere Legenden, auf die wir bei unserer Arbeit immer wieder stoßen. Viele davon standen auf der „Kandidatenliste" für *Fallstricke des Lebens. Vierzig Regeln, die das Leben zur Hölle machen und wie wir sie überwinden*. Auf manche sind wir in unseren anderen Büchern eingegangen (zum Beispiel in *Ich kann, wenn ich will. Anleitung zur psychologischen Selbsthilfe* von A. Lazarus und A. Fay oder in *Fallstricke der Liebe. Vierundzwanzig Irrtümer über das Leben zu zweit* von A. Lazarus). Dreiundzwanzig solche Legenden sind im folgenden aufgeführt. Überlegen Sie sich Argumente, um jede dieser irrigen Grundüberzeugungen von Grund auf zu widerlegen, und versuchen Sie jeweils Gegenmittel zu finden.

⇨  Heiraten macht glücklich.

⇨  Mach den anderen klar, daß du mehr weißt als sie.

⇨  Viel Geld ist eine Garantie für Freude und Genuß im Leben.

⇨  Ruhm macht glücklich.

⇨  Wer Kinder hat, dessen Leben ist erfüllt und froh.

⇨  Deine Gedanken sollten immer positiv, freundlich und liebevoll sein.

⇨  Tu, was man von dir erwartet.

⇨  Hör auf den Rat der Experten – sie wissen es immer am besten.

⇨  Nur wer präzise Ziele hat, bringt es zu etwas im Leben.

⇨  Dem gedruckten Wort kann man immer Glauben schenken.

⇨  Was du angefangen hast, mußt du auf jeden Fall auch zu Ende führen.

- ⇨ Je mehr man für etwas bezahlt hat, um so besser ist es.
- ⇨ Du trägst die volle Verantwortung für dein Leben und für alles, was dir widerfährt.
- ⇨ Du trägst keinerlei Verantwortung für dein Leben oder irgend etwas, das dir widerfährt.
- ⇨ Menschen sind im Grunde ihres Herzens altruistisch.
- ⇨ Was dir widerfährt, ist alles Schicksal.
- ⇨ Es ist ein Zeichen von Schwäche, wenn man seine Meinung ändert.
- ⇨ Ohne große Liebe und ohne Hingabe kann es keinen tollen Sex geben.
- ⇨ Seine Gefühle offen zu zeigen ist ein Zeichen von Schwäche.
- ⇨ Wenn dir nicht danach ist, etwas zu erledigen, laß es sein.
- ⇨ Bevor du eine schwierige Aufgabe anpackst, mußt du erst einmal deiner selbst sicher sein.
- ⇨ Wenn dir eine Sache unangenehm ist, geh ihr aus dem Weg.
- ⇨ Du mußt dich jederzeit voll und ganz in der Gewalt haben.

Die Liste der giftigen Ideen, mit denen wir uns alle quälen, ist beinahe endlos. Es empfiehlt sich deshalb, einen „sechsten Sinn" zu entwickeln, damit wir schädlichen und giftigen Überzeugungen, die einen verhängnisvollen Einfluß auf uns ausüben, auf die Schliche kommen und ihnen so rasch wie möglich den Boden entziehen können. Je weniger Sie sich von solchen Überzeugungen bestimmen lassen, desto mehr haben Sie vom Leben. Die Arbeit an Ihren irrationalen Ideen bringt einen deutlichen „Dominoeffekt" mit sich. Denn sind Sie einmal gegen eine angegangen, fällt es Ihnen leichter, auch andere zu erkennen und zu überwinden. Wenn Sie erfolgreich gegen eine der schädlichen Grundüberzeugungen gekämpft haben, schöpfen Sie nicht nur Mut, sondern Sie wissen jetzt auch, wie Sie gegen die anderen vorgehen können.

In der Einführung haben wir gesagt, daß irrationale Überzeugungen wie fehlerhafte Straßenkarten sind: Wenn Sie sich an ihnen orientieren, verirren Sie sich hoffnungslos und geraten völlig durcheinander. Damit Sie nicht vom Weg abkommen, müssen Sie Ihre Karten korrigieren. Außerdem ist es wichtig, daß das Fahrzeug, mit dem Sie unterwegs sind, gut in Schuß ist. Manche psychischen Schwierigkeiten und Denkfehler gehen zumindest teilweise auf biologisch bedingte Störungen wie zum Beispiel eine schwere Depression, eine Schizophrenie oder bestimmte Störungen des Körperbildes zurück. Um derartige Probleme mit Erfolg anzugehen, müssen sich die betroffenen Menschen unter Umständen nicht nur mit ihren irrationalen Überzeugungen auseinandersetzen, sondern auch Medikamente einnehmen. Wenn Sie die Methoden, die wir Ihnen empfehlen, konsequent und sorgfältig anwenden, und es geht Ihnen trotz allem nicht besser, ist es möglicherweise an der Zeit, daß Sie sich nach professioneller therapeutischer Hilfe umsehen.

Wir alle haben es nötig, uns mit unseren schädlichen Überzeugungen auseinanderzusetzen und begründete Tatsachen an ihre Stelle zu setzen. Tun wir das nicht, werden sie unweigerlich unser Leben vergiften. Solange wir fehlerhaft denken und irrationale Ideen mit uns herumschleppen, ist es schwierig, zu lieben und geliebt zu werden. Wenn Sie bereit sind, Ihre irrigen Vorstellungen aufzuspüren und zu verändern, wird Ihr Leben mit Sicherheit an Qualität gewinnen.

# Liebe – Ehe – Partnerschaft

Alexandra Berger,
Andrea Ketterer
**Warum nur davon
träumen?**
Was Frauen über Sex
wissen wollen
dtv 20017

Barry Dym,
Michael L. Glenn
**Liebe, Lust und
Langeweile**
Die Zyklen intimer Paar-
beziehungen
dtv 35132

Erich Fromm
**Die Kunst des Liebens**
dtv 36102
**Liebe, Sexualität und
Matriarchat**
Beiträge zur Geschlechter-
frage
dtv 35071

Karl Grammer
**Signale der Liebe**
Die biologischen Gesetze
der Partnerschaft
dtv 33026

Hugh Mackay
**Warum hörst du mir
nie zu?**
Zehn Regeln für eine
bessere Kommunikation
dtv 36546

Anne Wilson Schaef
**Die Flucht vor der Nähe**
Warum Liebe, die süchtig
macht, keine Liebe ist
dtv 35054

Peter Schellenbaum
**Die Wunde der
Ungeliebten**
Blockierung und
Verlebendigung der Liebe
dtv 35015
**Das Nein in der Liebe**
Abgrenzung und Hingabe
in der erotischen
Beziehung
dtv 35023
**Aggression zwischen
Liebenden**
Ergriffenheit und Abwehr
in der erotischen
Beziehung
dtv 35109

Laurie Schloff,
Marcia Yudkin
**Er sagt, sie sagt**
Die Kunst, miteinander
zu reden
dtv 8429

Judith S. Wallerstein,
Sandra Blakeslee
**Gute Ehen**
Wie und warum die Liebe
bleibt
dtv 36119

# dtv-Ratgeber
## Wege zum besseren Verständnis

Hugh Mackay
### Warum hörst du mir nie zu?
Zehn Regeln für eine bessere Kommunikation
dtv 36546

In einer Zeit, in der wir mehr und mehr mit Anrufbeantwortern, Bankautomaten und Computerstimmen kommunizieren, wird es immer schwieriger, sich den Mitmenschen verständlich zu machen. Der Sozialpsychologe Hugh Mackay zeigt anhand vieler Beispiele lebendig und unterhaltsam, wie wir wieder lernen, aufeinander zu hören und miteinander zu sprechen. Dabei stellt er zehn einfache Regeln auf für die Kommunikation zwischen Menschen. Denn eines wird sich nie ändern: Wir müssen uns verständigen, weil wir einander brauchen.

Laurie Schloff und Marcia Yudkin
### Er sagt, sie sagt
Die Kunst, miteinander zu reden
dtv 8429

Wenn das, was er sagt, bei ihr falsch ankommt, und das, was sie sagt, bei ihm auf taube Ohren stößt, dann läuft etwas schief in der Kommunikation. Die Autorinnen greifen typische Probleme und Situationen in Partnerschaft, Freundschaft, Familie und Beruf auf und geben originelle und zugleich praktische Ratschläge, was zu tun und was zu lassen ist, wenn man sich gegenseitig besser verstehen will.

### Zwei konstruktive Ratgeber
### zur Kunst der Kommunikation!

# Hilfe zur Selbsthilfe

Mandy Aftel
**Der Roman unseres
Lebens**
Wendepunkte erkennen
und nutzen · dtv 36072

F. Diane Barth
**Tagträumen**
Der Schlüssel zur kreativen
Energie · dtv 35148

Dietmar Friedmann
Klaus Fritz
**Wer bin ich, wer bist du?**
Mehr Erfolg durch bessere
Menschenkenntnis
dtv 36530

Klaus Fritz
**Ein Sternenmantel voll
Vertrauen**
Märchenhafte Lösungen
für alltägliche Probleme
dtv 36120

Irène Kummer
**Ich bin die Frau, die
ich bin**
Eine lebendige Beziehung
zu sich selbst und anderen
finden · dtv 35078

Arnold Lazarus, Allen Fay
**Ich kann, wenn ich will**
Anleitung zur psychologi-
schen Selbsthilfe
dtv 36109

Helmut Milz
**Der wiederentdeckte
Körper**
Vom schöpferischen
Umgang mit sich selbst
dtv 35075

Norman Vincent Peale
**Die Kraft positiven
Denkens**
dtv großdruck 25110

Peter Schellenbaum
**Die Wunde der
Ungeliebten**
Blockierung und Verleben-
digung der Liebe
dtv 35015

Peter Schellenbaum
**Abschied von der
Selbstzerstörung**
Befreiung der Lebens-
energie
dtv 35016

dtv

# Klug mit Gefühlen umgehen

Daniel Goleman
**EQ. Emotionale Intelligenz**
<u>dtv</u> 36020

»EQ statt IQ« heißt die neue griffige Erolgsformel, mit der Daniel Golemans internationaler Bestseller einen Nerv unserer Zeit trifft.

Daniel Goleman, Paul Kaufman, Michael Ray
**Kreativität entdecken**
<u>dtv</u> 36136

Kreativität fällt nicht vom Himmel. Aber wir alle können lernen, die schlummernden Ideen in uns zu wecken.

**Die heilende Kraft der Gefühle**
Hrsg. von Daniel Goleman
<u>dtv</u> 36178

In einem spannenden Dialog zwischen westlichen Wissenschaftlern und dem Dalai Lama erfahren wir, wie die Geisteswissenschaften des Ostens von bahnbrechenden Ergebnissen der Naturwissenschaften des Westens bestätigt werden.

Lawrence E. Shapiro
**EQ für Kinder**
<u>dtv</u> 36121

Dieses Buch zeigt, wie Eltern Einfühlungsvermögen, Kontaktfreudigkeit, Ausdauer und Selbstvertrauen ihrer Kinder fördern können.

Claude Steiner
**Emotionale Kompetenz**
<u>dtv</u> 36157

Claude Steiner führt Golemans Anregungen, die Emotionalität neu zu bewerten, weiter und setzt sie in die Praxis um. Er stellt ein Trainingskonzept in zwölf überschaubaren und einfach nachzuvollziehenden Schritten vor.

# Daniel Goleman im dtv

Drei Ratgeber zu einem Thema, das uns alle angeht:
die Wiedervereinigung von Herz und Verstand

## EQ. Emotionale Intelligenz
### dtv 36020

Wer Erfolg im Leben haben will, muss klug mit seinen
Gefühlen umgehen können und das »emotionale Alphabet«
beherrschen. »EQ statt IQ« heißt die neue, griffige Erfolgs-
formel, mit der Daniel Golemans internationaler Bestseller
einen Nerv unserer Zeit trifft.

## Kreativität entdecken
### mit Paul Kaufman und Michael Ray
### dtv 36136

Alle reden von Kreativität. Originelle Denker sind gefragt
wie nie zuvor. Und wo sie auftauchen, machen sie von sich
reden. Was ist ihr Geheimnis? Kreativität fällt nicht vom
Himmel. Aber wir alle können lernen, die schlummernden
Ideen in uns zu wecken.

## Die heilende Kraft der Gefühle
### Gespräche mit dem Dalai Lama über Achtsamkeit,
### Emotion und Gesundheit
### dtv 36178

In einem spannenden Dialog zwischen westlichen
Wissenschaftlern verschiedener Fachgebiete und dem Dalai
Lama erfahren wir, wie die introspektiven Geisteswissenschaften des Ostens von bahnbrechenden Ergebnissen der
experimentellen Naturwissenschaften des Westens bestätigt
werden. Die westlichen Wissenschaftler erkennen, dass der
Buddhismus wirkungsvolle, praktische Methoden besitzt,
die Macht der Emotionen als Heilmittel einzusetzen.

# Verena Kast im dtv

Verena Kast verbindet auf einfühlsame und auch für Laien verständliche Weise die Psychoanalyse C. G. Jungs mit konkreten Anregungen für ein ganzheitliches, erfülltes Leben.

**Der schöpferische Sprung**
Vom therapeutischen
Umgang mit Krisen
dtv 35009

**Imagination als Raum
der Freiheit**
Dialog zwischen Ich und
Unbewußtem
dtv 35088

**Die beste Freundin**
Was Frauen aneinander
haben
dtv 35091

**Die Dynamik der Symbole**
Grundlagen der Jungschen
Psychotherapie
dtv 35106

**Freude, Inspiration,
Hoffnung**
dtv 35116

**Neid und Eifersucht**
Die Herausforderung
durch unangenehme
Gefühle
dtv 35152

## Märcheninterpretationen

**Mann und Frau im
Märchen**
Eine psychologische
Deutung
dtv 35001

**Wege zur Autonomie**
dtv 35014

**Wege aus Angst und
Symbiose**
Märchen psychologisch
gedeutet
dtv 35020

**Märchen als Therapie**
dtv 35021

**Familienkonflikte im
Märchen**
Eine psychologische
Deutung
dtv 8422

**Glückskinder**
Wie man das Schicksal
überlisten kann
dtv 35154

# Peter Schellenbaum im dtv

»Wer sich verändern will, muß sich bewegen!«
*Peter Schellenbaum*

## Die Wunde der Ungeliebten
Blockierung und Verlebendigung der Liebe
dtv 35015
Der Autor erläutert, wie es uns gelingen kann, unsere Liebesfähigkeit lebendig werden zu lassen.

## Abschied von der Selbstzerstörung
Befreiung der Lebensenergie
dtv 35016
Peter Schellenbaum zeigt, wie der einzelne dem Teufelskreis von blockierten Gefühlen und selbstzerstörerischem Verhalten entkommen kann.

## Das Nein in der Liebe
Abgrenzung und Hingabe in der erotischen Beziehung
dtv 35023
In der Liebe ist der Wunsch nach Abgrenzung notwendig für die Selbstverwirklichung.

## Gottesbilder
Religion, Psychoanalyse, Tiefenpsychologie
dtv 35025
Die unterschiedlichen Gottesauffassungen von Freud und Jung werden in diesem Buch zu einer Synthese gefügt.

## Tanz der Freundschaft
dtv 35067
Eine ungewöhnliche Annäherung an das Wesen der Freundschaft.

## Nimm deine Couch und geh!
Heilung mit Spontanritualen
dtv 35081
Peter Schellenbaum stellt seine Therapiemethode der Psychoenergetik vor.

## Aggression zwischen Liebenden
Ergriffenheit und Abwehr in der erotischen Beziehung
dtv 35109
Peter Schellenbaum zeigt, daß Aggression einen wichtigen Impuls für Erotik und Lebendigkeit in jeder Beziehung darstellt.

## Träum dich wach
Lebensimpulse aus der Traumwelt
dtv 35156